nostalgia MILENIAL

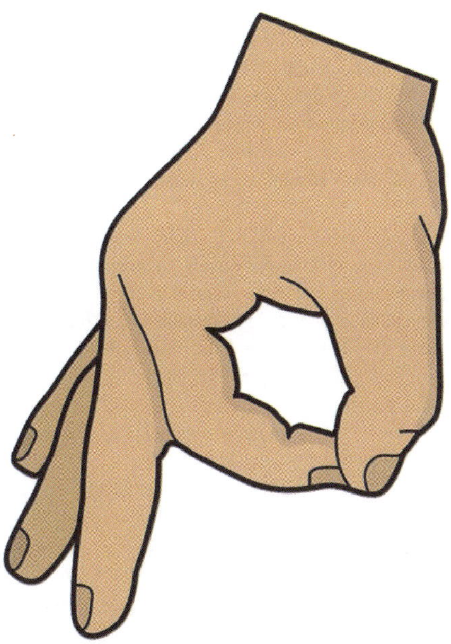

RANDOM
CÓMICS

Papel certificado por el Forest Stewardship Council®

MIXTO
Papel procedente de fuentes responsables
FSC® C117695
FSC
www.fsc.org

Penguin Random House Grupo Editorial

Primera edición: novimebre de 2022

Printed in Spain – Impreso en España

ISBN: 978-84-18040-53-5
Depósito legal: B-15.447-2022

Compuesto en táctil estudio
Impreso en Gráficas 94, S.L.
Sant Quirze del Vallès (Barcelona)

CM40535

A toda mi maravillosa generación

(y a mi madre, que si no me mata)

nostalgia MILENIAL

ÍNDICE

¿Qué hay de nuevo, VIEJOS?

...

Jajajajajaja. Vale, lo siento, me he pasado. Ni vosotros ni yo somos viejos, como mucho «jóvenes con experiencia».

Aquí estoy de nuevo, presentándoos mi SEGUNDO libro. Me parece algo tan sumamente increíble que creo que aún no soy ni consciente de ello. Para los que no me conocéis, me presento: soy Nosti, o al menos así es como cariñosamente (creo) me llama la mayoría de la gente. Llevo una cuenta de Instagram llamada *Nostalgia milenial* y suelo aparecer en ella con una máscara de *Scream* y unos guantes de lana roñosos y llenos de bolitas. ¿Que quién soy en realidad? Eso es lo de menos. Lo que sí que me gustaría contaros es la historia de cómo ~~conocí a vuestra~~ he llegado hasta aquí.

La verdad, siempre me ha gustado recordar las cosas de nuestra infancia y adolescencia: las series, los anuncios, los juguetes, las vivencias... todo. Y siempre quise reunir todos esos recuerdos y recogerlos de algún modo para que no cayeran en el olvido. Con ese pensamiento ya en mi cabeza, unas Navidades entré a un centro comercial y vi el libro *Yo fui a EGB* recién publicado. Ahí fue cuando pensé: «Qué guay sería poder publicar un libro como este, pero de nuestra generación». Y esa idea se quedó almacenada en mi cerebro junto a todas esas cosas que a veces soñamos, pero que sabemos que es difícil que se cumplan.

Los años pasaron y llegamos a 2020. Un año, por decirlo de alguna forma, complicado. *El Pocahontas 2* de los años. Vamos, malísimo. Todo a nuestro alrededor estaba lleno de malas noticias y peores augurios, así que, para evadirme, decidí crear una cuenta de Instagram y empezar a recoger todos esos recuerdos que tenía en mi mente. El asunto empezó como algo pequeñito y sin ninguna pretensión, más como mi rincón de evasión que otra cosa; pero, poco a poco, la gente empezó a unirse y empezamos a hacer comunidad. Primero fuimos 10, luego 100, luego 100.000, y creo que ahí ya perdí la cuenta. La cosa se me fue completamente de las manos.

Después llegaron el primer libro, un premio a «Mejor creador/a de contenido del año» y ahora este segundo libro. No dejéis de soñar, a veces los sueños se cumplen.

Ahora poneos cómodos y preparaos para un nuevo viaje a vuestra infancia. Por supuesto, siempre con un toque de humor, porque para llorar te pones Titanic o la muerte de la madre de Piecito. Aquí hemos venido a sonreír. A sonreír y a darnos cuenta de lo afortunados que fuimos por crecer en la mejor época y pertenecer a la mejor generación.

Otras nunca sabrán lo que era pasarse el recreo jugando a los tazos o comer todos los días viendo *Los Simpson*, lo que era ir a comprar la *Súper Pop*, encapricharte de todo en los «20 duros» o elegir peli en el videoclub. Otras nunca tendrán la suerte de ser milenials.

Bienvenidos a casa.

√9=3
4/6=2/3
E=MC²
A++
2²=4

LA VUELTA AL COLE

VOLVER A EMPEZAR... OTRA VEZ

Había dos cosas que anunciaban el final de las vacaciones de verano. La primera, que los días se iban haciendo cada vez más cortos. La segunda, que en la televisión empezaban a aparecer los anuncios de la vuelta al cole. Que tú estabas un 23 de agosto, feliz, desayunando con tu baticao y viendo las pruebas acuáticas de *Megatrix*, cuando de repente aparecía uno de esos anuncios sin avisar. La leche se te cortaba en el estómago y empezabas casi a echar espuma por la boca. Como dirían en *South Park* cuando mataban a Kenny: «¡Hijos de put*!».

¿Y los anuncios de «Volver a empezar otra vez» de El Corte Inglés? Con esos niños cantando felices porque volvía el cole... ¿Cuánto les pagaron a esos niños para vendernos esa mentira? Bueno, es que ni eso. Les tenían que estar apuntando con una pistola, seguro.

Y es que, ¿qué niño querría dejar atrás las vacaciones? Bueno, vale, raritos ha habido siempre, pero de los que somos normales, ¿CUÁNTOS?

Lo cierto es que sí, a la mayoría nos daba mucha pena que el verano acabara. Solo había un resquicio de ilusión por la vuelta al cole y no era por volver a estudiar, obviamente; sino por volver a ver a los compis,

Y es que, ¿qué niño querría dejar atrás las vacaciones? Bueno, vale, raritos ha habido siempre, pero de los que somos normales, ¿CUÁNTOS?

por saber cuál sería tu nueva clase o por la curiosidad de saber quiénes serían tus nuevos profes. La pena es que luego esa ilusión se esfumaba rápido.

Solo había una cosa que de verdad nos gustaba a todos de la vuelta al cole: estrenar nuevo material escolar.

Solo había una cosa que de verdad nos gustaba a todos de la vuelta al cole: estrenar nuevo material escolar. El olor de los libros nuevos, las pinturas todas afiladas y ordenadas, las gomas de borrar impolutas, los cuadernos a estrenar… Un orgasmo sensorial.

¿Te apuntas a hacer la compra para la vuelta al cole de tu infancia? Pues sube, ¡que te llevo!

MOCHILAS

Las mochilas eran ese elemento que nuestros compis iban a ver cada día durante todo el curso, así que siempre nos esmerábamos en elegir la más bonita para triunfar en la fila. A principios de los 90, los niños solíamos llevar mochilas gigantes llenas de cosas. Menos mal que alguien pensó en nuestras pobres espaldas y tuvo la brillante idea de crear las mochilas carrito. Se forró. Rápidamente todos nos hicimos con una, ya fuera con el carrito incorporado o comprando el carro aparte y enganchando la mochila con cuerdas. Las batallas que montaban algunos, embistiendo sus carros entre sí, eran dignas del Coliseo romano.

ESTUCHES

Los había de «lata», de tela con cremallera, los que eran tipo libro y traían gomas por dentro para tenerlo todo ordenadito o los tipo *transformer*, esos que tenían mil compartimentos automáticos. Los diseños dependían un poco de lo que se llevaba en el momento. En los 90, por ejemplo, estuvo muy de moda el estampado escocés. No me preguntéis por qué, porque no lo sé, pero tú entrabas a una clase y parecía que en cualquier momento alguien se iba a levantar con una falda y se iba a poner a tocar la gaita.

CUADERNOS

Aquí se abría un cisma importante. Todos teníamos clarísimo que el verde era para Natu, pero luego estaban los que elegían el azul para

Lengua y el rojo para Mates y los que elegían el azul para Mates y el rojo para Lengua. Los segundos eran los que claramente se equivocaban, y eso es así. Aparte, también había cuadernos con cientos de estampados diferentes, desde los de dibus de Disney hasta los de Ágatha Ruiz de la Prada que triunfaron en los 2000.

AGENDAS Y LIBRETAS

Desgraciadamente, la lista de tareas que nos llevábamos para casa solía ser larguita, así que no nos quedó más remedio que tener una agenda o una libretilla para que no se nos olvidasen. Entre las chicas triunfaban las agendas que regalaban con la *Súper Pop* y la *Bravo* y las libretas de Jordi Labanda. Entre los chicos se llevaba más lo de apuntarlo en cualquier trozo de papel cutre.

LÁPICES Y PORTAMINAS

Estaban los lápices azules, los amarillos y negros con la puntita roja, los que traían una goma de borrar en el extremo y los que traían escritas las tablas de multiplicar. Nosotros pensábamos que todos escribían igual, pero años después la profe de Plástica nos enseñó que había diferentes tipos según la dureza de la mina y nos voló la cabeza. Cuando te creías mayor, ya te pasabas al portaminas, que era como más guay. Y ya si te comprabas la cajita de las minas a juego, lo más de lo más.

SACAPUNTAS

Estaban los básicos de plástico, los que venían con depósito para los restillos, los que venían dentro de un muñequito y los que mejor sacaban punta: los de metal.

BORRADORES MILÁN

Las gomas que nos han acompañado toda la vida. Desde

las que tenían dibujitos de animales que tuvimos de peques hasta las más cuadraditas que tuvimos de mayores, pasando por las Milán Nata, que con ese nombre muchos se creyeron que se podían comer; las que tenían forma de lengua o la Milán gigante, esa goma que pesaba por lo menos kilo y medio y que era la típica que te comprabas para chulear, porque eso no cabía ni en el estuche. Eso sí, con ella la gente te respetaba, no iba ser que se la lanzases y les dejaras sin cara.

LA GOMA DE DOS COLORES

Una mitad borraba el lápiz y la otra borraba el lápiz, la hoja, el pupitre y hasta tu alma.

GOMAS DE BORRAR DE FRUTAS

Causaron furor. Eran pequeñitas y no borraban una mierda, pero… ¿y lo bien que olían?

BOLIS

Hubo un día en el que dimos el primer pasito hacia la vejez y fue aquel en el que pasamos de escribir a lápiz a escribir a boli. En el mundo del bolígrafo había de todos los tipos: los BIC clásicos, los Pilot, los Paper Mate… y los más guays: los bolis de 7 colores. ¿Quién pidió escribir en amarillo o en marrón? Nadie. Pero la idea de tener varios colores en un mismo boli nos fascinó. Y, sí, todos intentamos bajar los 7 colores a la vez para ver qué pasaba y vimos que era totalmente imposible, pero eso no nos desanimó para seguirlo intentando de vez en cuando. Por si acaso.

ROTULADORES CARIOCA

Hubo muchas marcas de rotus, pero los Carioca fueron los número uno de nuestra infancia. Los rotus eran los

elegidos para colorear cuando no importaba que la tinta se transparentase por el otro lado y cuando había que hacer títulos chulis en los cuadernos. ¿Os acordáis cuando cogíamos dos rotuladores a la vez y hacíamos palabras con líneas dobles de 2 colores?

MOLABA

CERAS PLASTIDECOR

Las de toda la vida. Había cajitas de 12, 18, 24 y hasta de 36 colores. Que ahí había trampa, seguro. No existen tantos colores. El tamaño de la caja indicaba el nivel adquisitivo de la familia. La mayoría, que éramos los de clase media-baja, teníamos la cajita básica de 12 colores, mientras que los pudientes tenían las de 24 o 36. Ni en el *Titanic* hubo tanta brecha social como en 4.º C.

LÁPICES DE COLORES ALPINO

Los de la mítica caja del ciervo. ¿Podía ser más bonita? También tenían varios formatos: la caja de 12 colores, la de 18, la de 24 y la de 36. Un día en el cole repartían una fotocopia de Papá Noel para colorear y tú estabas dudando sobre si usar el color rosa o el naranja para la piel, cuando de repente veías cómo Armando, tu compañero con la caja de 36, sacaba su pintura de color «piel caucásica tono invierno» y se ponía a colorearlo con carita de chulería. Menuda torta tenía.

SUBRAYADORES

Listos en el estuche para cuando había que remarcar lo que entraba en el examen. Cuando te querías dar cuenta, la página entera estaba amarilla fosforito. Mierda.

CUADERNILLOS RUBIO

Los cuadernos que nos han enseñado a escribir a toda España. Los había de escritura, de problemas y de dibujo. Sé que a algunos os trajeron de cabeza porque no os gustaba mucho trabajar, pero yo los amaba porque me encantaba colorear todos sus dibujos. Nuestras madres debieron ir todas al mismo Colegio Hogwarts de Maternidad y Brujería, porque todas

tenían automatizada la frase: «Hasta que no hagas una cara de cuentas no te sales a jugar».

CERAS MANLEY

Eran las ceras que usábamos cuando había que pintar grandes superficies, porque al ser tan blanditas se deslizaban que daba gusto y coloreábamos la página en un pispás. Su olor es uno de los mejores recuerdos de nuestra niñez.

PLASTILINA JOVI

La plasti con la que todos crecimos. Siempre se empezaba haciendo una culebrilla, cuanto más larga mejor, y luego ya se iba subiendo en dificultad en función de la maña de cada uno.

Los había que enrollaban la culebrilla y hacían un caracol, los que hacían una cestita con huevos y los que hacían árboles con sus hojitas y todo.

TÍPEX

El invento que nos salvó la vida cuando pasamos de escribir a lápiz a escribir a boli. Primero llegó el de brocha. «Es un poco peligroso para los niños, pero seguro que hacen un buen uso de él», pensaron sus creadores, mientras nosotros nos dedicábamos a esnifar del bote y a pintarnos las uñas con la brocha. Después llegó el típex de boli, que obligatoriamente había que agitarlo haciendo el mayor ruido posible para que todo el mundo se enterase. Y, por último, el de cinta, que nos duraba un rato porque nos encantaba deslizarlo y gastarlo.

CALCULADORAS

El 99,99 % tuvimos la misma calculadora, una como la de la foto.

Que viéndola ahora seguro que recuerdas su tacto y hasta el sonido del plástico al quitar la tapa, ¿verdad? Curioso el cerebro. ¿Y recordáis el truquito? «Un chico de 19 y una chica de 19 hacen el amor durante 365 días durante 5 minutos cada día. El resultado es: 1919365 ÷ 5 = *giro de calculadora de 180º* ELBEBE». Impresionante.

COMPÁS

La gente normal lo usábamos para dibujar. La gente menos normal se clavaba la punta y se «tatuaba» su inicial o la de la persona que le gustaba en alguna parte de su cuerpo. Todo esto con sangre de por medio. Yo aún tengo pesadillas.

DICCIONARIOS

Usar un diccionario de lengua, ok. Uno de inglés, ok. Uno de francés, ok. Uno de latín, venga, vale. ¿Pero de verdad era necesario uno de sinónimos y antónimos? Pues a todos nos hicieron comprarlo. Vaya tontería, estupidez, bobada, necedad, sandez, parida, imbecilidad, astracanada. Oye, pues igual no fue tan mala idea. Los más famosos, sin duda, fueron los de la marca VOX. Y para el de inglés hubo dos grandes equipos: el #TeamDiccionarioOxford y #TeamDiccionarioCollins. ¿Tú de cuál eras?

PINCELES, TÉMPERAS Y ACUARELAS

¡Lo guay que era pintar con ellas en clase! Nos encantaba guarrear toda la mesa con los colores y los pinceles, y levantarnos cada dos por tres para cambiar el agua. Así aprovechábamos para hablar con los compañeros y de paso darles un brochazo en el brazo. Acabábamos de pintura hasta las cejas.

REGLAS

Todos tuvimos ese pack de reglas que se cerraba con velcro y que traía una regla, una escuadra, un cartabón y el transportador de ángulos. Uso para Mates y Dibujo: 1 %. Uso para cortar la tiza, lanzar trocitos de borrador haciendo catapulta y como arma para pegar reglazos a un amigo: 99 %.

TIJERAS Y PEGAMENTO

A todos nos compraron unas tijeras de punta redonda y una barra de pegamento, pero cuando las necesitábamos, nunca estaban. Siempre había que pedírselas prestadas al compañero.

PROGRESA *ade*

A lo largo de los 90 se produjeron grandes cambios en materia educativa. La EGB, vigente desde 1970, llegaba a su fin y daba paso a una nueva ley, la LOGSE, cuyas dos principales novedades eran la ampliación de la educación obligatoria de los 14 a los 16 años y la introducción de la ESO. La LOGSE fue aprobada en 1990, pero fue implantándose progresivamente a partir del curso 92/93. Así pues, los milenials crecimos a caballo entre dos modelos educativos.

Lo cierto es que nosotros de todo esto casi ni nos enteramos. Bastante teníamos con sobrevivir a nuestro día a día lleno de clases, tareas y juegos. Por aquel entonces, lo único que sabíamos era que el curso comenzaba cuando en la tele salían los anuncios de la vuelta al cole y que acababa cuando llegaban los de Vacaciones Santillana. Fin. Entre unos anuncios y otros transcurrían diez meses, de septiembre a junio. Diez meses que ahora pasan en un suspiro, pero que en aquellos años nos parecían como una vida entera. En un solo curso hacías nuevos amigos, nuevos enemigos, te enfadabas, te reconciliabas, te enamorabas, te desenamorabas... La vida era intensísima.

Nuestros primeros años en la escuela fueron geniales, porque básicamente íbamos allí a disfrutar. A colorear con pintura de dedos y llenarnos de pintura hasta la coronilla, a puntear con el punzón, a pegar gomets (pegatinas) que nos daba la seño, a jugar con la plasti, a pasarlo bien con los juguetes que había por la clase o a desfilar en Carnaval con disfraces he-

Dibujar chorradas en el cuaderno o en la mesa.

cuadamente

La flauta que todos tuvimos.

chos con bolsas de basura. ¿Fue o no fue una etapa maravillosa? La pena es que fue tan cortita y éramos tan peques que no nos dio tiempo ni a saborearla.

Fue en Primaria cuando ya empezamos a ser más conscientes de todo lo que ocurría a nuestro alrededor. La clase se convertía en nuestra segunda familia. Y, como en toda familia que se precie, estaban los que nos caían bien, los que nos caían regu y los que, bueno…, digamos que aquellos que, si hubieran sido absorbidos por *Jumanji*, tampoco hubiéramos llorado. El caso es que, fueran quienes fueran tus compañeros, tú a tu clase la defendías a muerte. Y ahí empezaban los piques: que si el A es mejor que el B, que si el B es mejor que el A… En realidad, el mejor siempre fue el C, pero no estáis preparados para esta conversación. Esa rivalidad se notaba sobre todo en las gradas cuando había torneos entre clases. Los ultras no eran nada comparados con los niños del Colegio Público Antonio Machado. Lo mejor era que, aunque existía ese pique entre los cursos, a nivel de colegio la cosa cambiaba. Si eras de 4.°, entonces 4.° era lo mejor. A, B y C incluidos. Porque no sé si os acordáis, pero los de un curso superior nos parecían supermayores y los de un curso por debajo, unos enanos. Como si de un curso a otro hubiera un salto abismal, aunque uno hubiera nacido en diciembre y otro en enero.

En cada clase siempre estaban los populares, normalmente un chico y una chica guapos y con carisma, los amigos de los populares, la gente del montón, los gamberros y los rarillos. Ah, y el del parche en el ojo. Siempre

El peor enemigo del pelo largo.

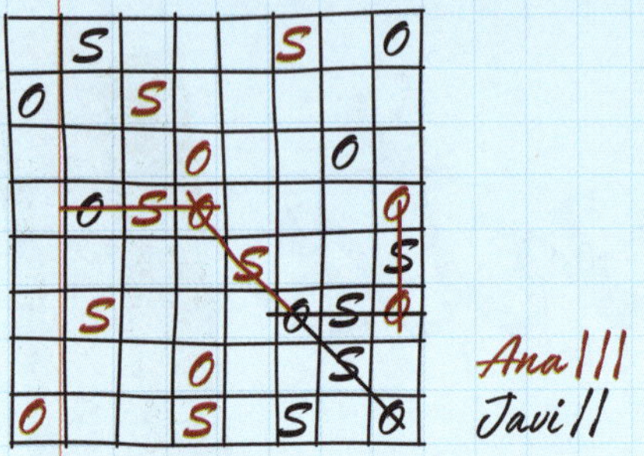

Jugar a OSO.

Pintarse las uñas con Tippex.

había un niño o una niña con un ojo tapado. Para estar tantas horas sentados, la verdad es que la mayoría nos portábamos bien. También influía mucho el hecho de que, en aquellos años, si la liabas, el maestro o la maestra te tiraba una tiza o te cogía de la oreja y te echaba al pasillo; no se andaban con chiquitas. Y encima luego en casa tus padres te metían un rapapolvo y te castigaban. Cualquiera se la jugaba.

Para descansar, teníamos los benditos recreos. ¿Qué hubiéramos hecho sin ellos? Ahí fue donde de verdad aprendimos cómo era la vida. En los recreos la gente se agrupaba en pandillas con sus mejores amigos y cada pandilla ocupaba una zona concreta del patio, «su» zona. Cada grupito hacía una cosa: sentarse a hablar y cotillear, dar paseos o jugar a la goma, al fútbol o a los tazos. ¿Os acordáis de la *Banda del patio*? Pues clavadito.

La parte mala del salto a Primaria fue que ya empezamos a saber lo que era hacer deberes y lo de estudiar para los exámenes. Y pronto aprendimos que nuestros regalos de cumple y Navidad estaban supeditados a nuestro boletín de notas. Hay que agradecer que por aquel entonces las calificaciones no eran numéricas, sino que se resumían en un N. M. = Necesita mejorar, un P. A. = Progresa adecuadamente o un P. A.+ si ya eras un fuera de serie. Así se disimulaban un poco las malas notas, porque si no, muchos y muchas se hubieran quedado sin el Megazord o la Barbie Peinados Mágicos.

A lo largo del curso había un montón de celebraciones. Siempre se hacía lo mismo. En el Día de la Paz, decorábamos una paloma;

Hacer cenefas en el cuaderno.

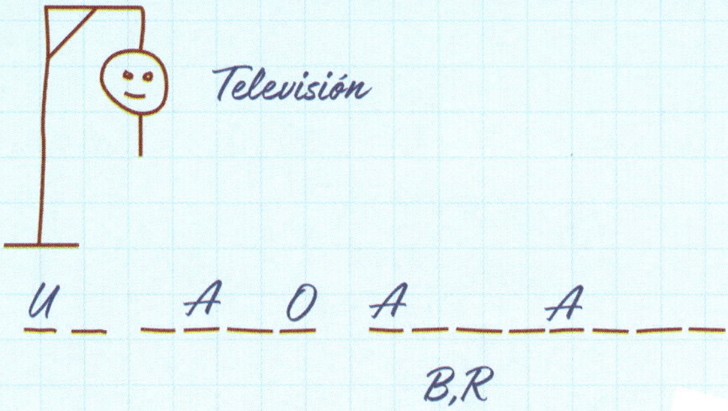

Jugar al ahorcado.

Jugar a las rayitas.

Vero |||||
Oliver ||||

para el Domund, recogíamos dinero; en el mes de mayo, llevábamos flores a la Virgen María; y así. También hicimos manualidades como regalo para celebrar el Día del Padre y el Día de la Madre. ¿Os acordáis? A nuestros padres les regalamos cosas como un cenicero, supereducativo, o un colgante para el coche en el que escribimos: «¡No corras, papá!», que se conoce que en aquellos años todos los padres iban a 180 por la carretera. A nuestras madres les hicimos regalos como colgantes elaborados con macarrones y estrellitas de pasta o portafotos decorados por nosotros mismos. No sé si había un manual nacional para saber qué hacer esos días, pero es curioso que casi todos hiciéramos las mismas manualidades en una época en que no había internet.

Si hay algo que tuvimos que sufrir casi todos en Primaria fue la fiebre del flúor. La higiene bucodental debía de brillar por su ausencia, así que a alguien se le ocurrió que había que enseñar a los niños a lavarse bien los dientes. Por un lado, estaba el Dentibús, que venía de vez en cuando a revisarnos la boca. «Pequeñín, tienes cinco caries», te decía el dentista. Mira, pocas me parecen para todas las guarrerías que comíamos. Por otro lado, estaba el dichoso flúor de fresa. Lo había en versión mono-

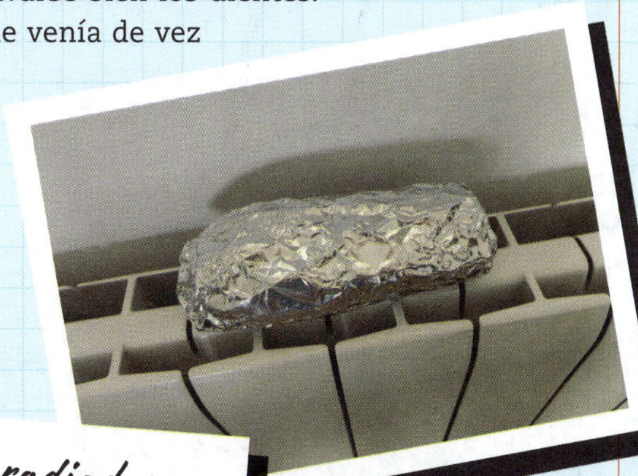

Calentar el bocata en el radiador antes del recreo.

El asqueroso flúor de fresa.

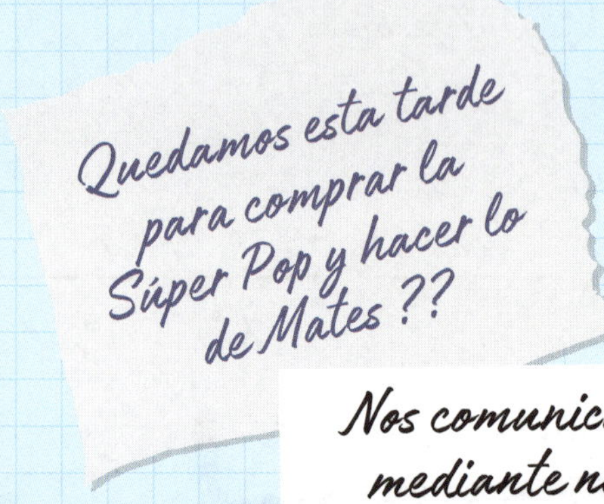

Nos comunicábamos mediante notitas.

dosis o en versión garrafón, en ambos casos igual de asqueroso. «La hora del flúor» era todo un ritual. Se paraba la clase, se repartían vasos, servilletas y el flúor y, ale, todo el mundo a enjuagarse unos minutos. Por supuesto, sin mirar a los compañeros, no fuera que alguno te hiciera una mueca para que te rieras y lo escupieras todo. No ibas a ser tú el que enfadaras a la señorita Maruja.

En aquellos años también empezamos a «sentir cositas» por otras personas. ¿Nuestros gustos? Niños que se parecieran a Devon Sawa en Casper o niñas que fueran como Kimberly, la Power Ranger rosa. Iconos de la belleza. De repente un día notabas que ese chico o chica te gustaba más de lo normal, pero tú lo llevabas en secreto para que nadie se enterase. Sin embargo, las miradas que poníamos y la carita que se nos quedaba cuando nos hablaba nuestro amor platónico nos delataban. Y un día alguien decía: «¡La Laura está por Dani!». Y tú te morías de vergüenza y te querías esconder como si fueras un caracol. A partir de ahí tus compañeros ya empezaban a intentar forzar la situación: hacían bromitas de novios y os empujaban para que os juntaseis. El horror. También sucedía que estaba ese amigo o amiga especial con el que te llevabas genial y tenías mucho pique. Ni siquiera sabíais que en realidad os gustabais, pero un día alguien soltaba un «los que se pelean se desean», y ¡boom!, os jodía la vida.

Ese momento de felicidad cuando el profe entraba a clase empujando un carrito como este.

¿QUE CÓMO SABÍAMOS CÓMO NOS IBA A IR EN EL AMOR? Fácil. Había cuatro técnicas básicas:

1. LA LATA. Cogías una lata de refrescos y movías la anilla hacia un lado y a otro diciendo las letras del abecedario. La letra en la que se desprendía era la inicial de la persona con la que te ibas a casar. ¿Que te gustaba Josué y te salía la M? Se siente.

2. LA MARGARITA. Nos poníamos a deshojar una margarita al son del «me quiere, no me quiere». Siempre hacíamos trampas para que saliera el «me quiere», pero ni aun así.

3. EL COMECOCOS DE PAPEL. Esto te lo adivinaba todo. Tu amiga te pedía que le dijeras un número y empezaba a mover los dedos a velocidades supersónicas. Cuando acababa, levantabas la pestañita del comecocos y leías: «Arancha no te quiere». Ya te habían fastidiado el día.

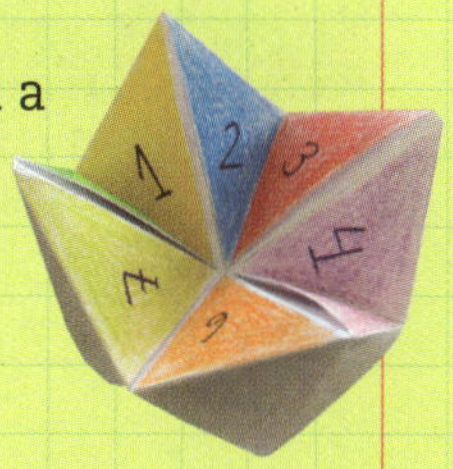

4. EL CUADRADO MÁGICO. Este juego creo que no tenía nombre, así que me lo he inventado. :) Se dibujaba un cuadrado y en cada uno de sus lados se ponían, respectivamente, tres nombres de personas que te gustaban, tres ciudades, tres comidas y tres números favoritos. Después te preguntaban que a qué edad te querías casar y tú decías que a los 25, porque los 25 nos parecían una edad preciosa para casarnos. Una vez que estaba todo preparado, se empezaba a contar hasta 25 desde alguna de las opciones que había alrededor del cuadrado. Cuando se llegaba a 25, esa opción se tachaba y quedaba eliminada. Se avanzaba así hasta que te quedabas solo con una opción de cada: tu futuro.

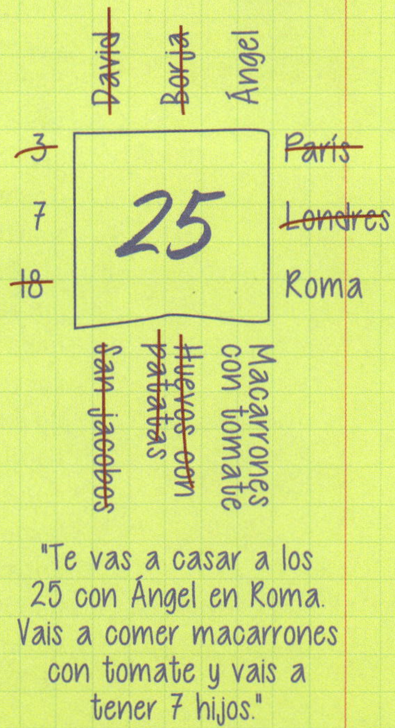

Cómo nos costó aprendernos las dichosas tablas de multiplicar.

Otro momento especial que seguro que la mayoría recordaréis es el de aquel día que descubrimos que por las mañanas había todo un mundo fuera de las cuatro paredes del cole. Sí, hablo del día en que nos levantamos enfermos y nos quedamos en casa. Ese día te enterabas de que en la tele echaban dibus más allá de la hora de comienzo de las clases. *Emosido engañados*. Tu madre te llevaba al médico y después tenías que acompañarla a comprar. Ahí descubrías «el mundo de los mayores», ese en el que no hay ni un solo crío porque todos están en la escuela. Sentirse el único niño o niña entre todos los adultos era una sensación rara, extraña, pero en el fondo molaba. Sobre todo cuando tu madre te compraba algún capricho para animarte por eso de estar malo.

Por último, no puedo terminar de hablar de esta etapa sin recordar los festivales de fin de curso. Cuando se acababa el estudiar y todo era felicidad porque llegaban las vacaciones de verano. Echábamos horas y horas preparando los trajes y aprendiéndonos la coreografía, siempre con trifulcas por los pasos o porque alguien se lo tomaba poco en serio. O muy en serio. Tras muchos quebraderos de cabeza, al final la cosa siempre salía «bien». Y pongo ese bien entre comillas porque actuábamos y nos lo pasábamos pipa creyéndonos superestrellas como las Spice Girls o los Backstreet Boys, pero si ahora te ves en vídeo te das cuenta de que, más que Geri, parecías Leonardo Dantés haciendo

	Nombre	Animal	Color	País	Marca	Comida	
A	Alba	Anaconda	Añil	Argentina	—	Acelga	5
R	Ramón	Ratón	~~Rosa~~	—	Ricola	—	3
P	Paula	Pantera	Púrpura	Panamá	~~Puma~~	Paella	5
E	Ernesto	—	—	Estonia	Electric Arts	—	3

Jugar al STOP.

El baile del pañuelo. ¿Y esa actuación de la clase con todos empezando en cuclillas con los brazos apoyados en el suelo? En toda coreografía grupal siempre se empezaba con ese paso. Pura milenialidad.

Los cursos de Primaria fueron pasando y llegamos a la adolescencia, que estuvo marcada por un pequeño animal alado: el pavo. El pavo manejó nuestras decisiones, nuestros estudios y nuestra vida. O eso queremos pensar para justificar todas las idioteces que hicimos en aquellos años.

Los estudios eran cada vez más difíciles y teníamos que dedicarles más tiempo, pero nuestro cerebro decidió ir por libre y centrarse en otras cositas, como estar con los amigos, salir de fiesta y ligar, bueno, esto último al menos intentarlo.

Con ese panorama las clases se nos hacían eternas y solo deseábamos que llegara el cambio de hora entre clase y clase para juntarnos rápidamente con nuestros amigos, aunque fueran solo cinco míseros minutos. ¿Cómo es posible que, de hora en hora, ya hubiera nuevos cotilleos que contar? La adolescencia, supongo.

También nos pasábamos las horas comunicándonos con nuestros amigos mediante notitas. En esos trocitos de papel iban todos nuestros dramas y anhelos de aquellos años. «Tía, el Javi pasa de mí. Ayer le mandé un sms y me cnt a ls 3 horas. Tendrá algo por ahí? K hago, tía?», «Tío, este find el Clásico, acemos porra?», «Este finde fiestukii!! Me voy a poner mi camiseta nueva de la Pucca, ¿¿y tú??». A ver, estábamos en pleno pavo, conversaciones filosóficas tampoco íbamos a tener.

Manualidades.

Decorar el estuche.

Enamorarse en aquellos años era complicado, las hormonas no nos dejaban ver con claridad. Si hay algo que no había cambiado desde Primaria era el pánico a que alguien se enterase de que nos gustaba. Así que eso solo se lo contabas a tus cuatro mejores amigos y a tu compañero de al lado. «Pues, tío, es que me encanta Ana, pero no digas nada, porfa». «Tranqui, no te fallaré, somos compañeros». Al día siguiente lo sabía todo el instituto.

Otro gran recuerdo es el de aquellas tardes haciendo trabajos grupales en la casa de algún amigo o amiga. Nos poníamos a merendar, a ver series, a hacer los test de la *Súper Pop*, a jugar a la Play, a montarnos un karaoke... A hacer cualquier cosa menos el trabajo. Ese ya se hacía a última hora deprisa y corriendo.

Y, para acabar, cómo no hablar de aquellos legendarios viajes de fin de curso, llenos de anécdotas y locuras que aún hoy se siguen recordando. Nos decían: «Por favor, los chicos y las chicas separados, prohibido estar juntos en las habitaciones por las noches». Y nosotros contestábamos: «Vale, profe», en la que puede que sea una de las mayores mentiras de la historia de la humanidad. La verdad, no sé cómo nuestros pobres profesores se atrevían a irse con decenas de chavales con el cerebro a la menos diez, pero, desde aquí, gracias por todo. Eso sí que era vocación.

Nuestra etapa en el cole y el instituto llegó a su fin hace ya un tiempecito, pero siempre la recordaremos con mucho cariño, porque gran parte de lo que somos hoy se lo debemos a todo lo que allí vivimos. Por eso quiero dedicar estas últimas líneas a todos los profes y las profes que siempre

Apuñalar el borrador.

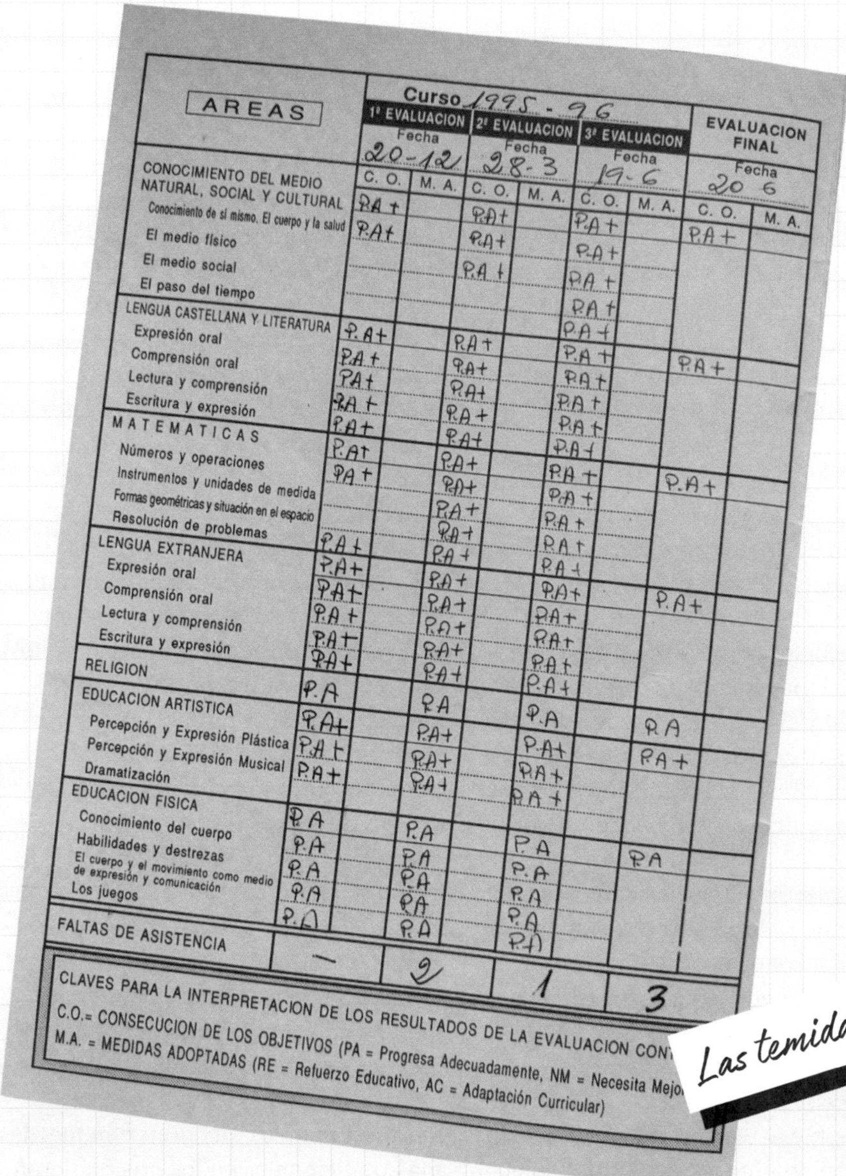

AREAS	Curso 1995 - 96 — 1ª EVALUACION Fecha 20-12 C. O.	M. A.	2ª EVALUACION Fecha 28-3 C. O.	M. A.	3ª EVALUACION Fecha 19-6 C. O.	M. A.	EVALUACION FINAL Fecha 20 6 C. O.	M. A.
CONOCIMIENTO DEL MEDIO NATURAL, SOCIAL Y CULTURAL	PA+		PA+		PA+		PA+	
Conocimiento de sí mismo. El cuerpo y la salud	PA+		PA+		PA+			
El medio físico			PA+		PA+			
El medio social					PA+			
El paso del tiempo					PA+			
LENGUA CASTELLANA Y LITERATURA	P.A+		PA+		PA+		PA+	
Expresión oral	PA+		PA+		PA+			
Comprensión oral	PA+		PA+		PA+			
Lectura y comprensión	PA+		PA+		PA+			
Escritura y expresión	PA+		PA+		PA+			
MATEMATICAS	PA+		PA+		PA+		P.A+	
Números y operaciones	PA+		PA+		PA+			
Instrumentos y unidades de medida			PA+		PA+			
Formas geométricas y situación en el espacio			PA+		PA+			
Resolución de problemas			PA+		PA+			
LENGUA EXTRANJERA	P.A+		PA+		PA+		P.A+	
Expresión oral	P.A+		PA+		PA+			
Comprensión oral	PA+		PA+		PA+			
Lectura y comprensión	P.A+		PA+		PA+			
Escritura y expresión	PA+		PA+		PA+			
RELIGION	PA+							
EDUCACION ARTISTICA	P.A		PA		P.A		PA	
Percepción y Expresión Plástica	P.A+		PA+		P.A+		PA+	
Percepción y Expresión Musical	P.A+		PA+		PA+			
Dramatización	P.A+		PA+		PA+			
EDUCACION FISICA	PA		P.A		P.A		PA	
Conocimiento del cuerpo	P.A		PA		P.A			
Habilidades y destrezas	P.A		PA		P.A			
El cuerpo y el movimiento como medio de expresión y comunicación	P.A		PA		P.A			
Los juegos	P.A		PA		PA			
FALTAS DE ASISTENCIA	—		2		1		3	

CLAVES PARA LA INTERPRETACION DE LOS RESULTADOS DE LA EVALUACION CON[...]

C.O.= CONSECUCION DE LOS OBJETIVOS (PA = Progresa Adecuadamente, NM = Necesita Mejo[...]

M.A. = MEDIDAS ADOPTADAS (RE = Refuerzo Educativo, AC = Adaptación Curricular)

Las temidas notas.

tenían una palabra de cariño para animarnos cuando más lo necesitábamos, a esos compañeros que se convirtieron en amigos y que, aunque ya no tengamos apenas contacto, nos dieron grandes ratos de risas y nos ofrecieron su ayuda cuando hacía falta, y, por supuesto, a esos amigos que conocimos por azar en algún curso y que todavía hoy siguen formando parte de nuestra vida.

¿QUÉ TOCA *hoy*?

LENGUA

Analizar oraciones, hacer dictados, leer en alto... Que mientras los demás leían, tú ya estabas echando cálculos para ver qué párrafo te iba a tocar y te ponías a ensayarlo. Un 0 en análisis sintáctico, pero un 10 en picardía.

INGLÉS

Las profes de Inglés —imagino que también existieron profesores, pero no sé dónde— solían ser las más modernas del cole, tanto en sus metodologías como en su forma de vestir. La mayoría iban vestidas de Desigual y siempre iban acompañadas de su radiocasete con CD. Cuando llegaban a clase soltaban: «*Good morning*» y acto seguido enchufaban el radiocasete y le daban al play. «*Unit 1, page 7, exercise 5. Listen and complete the sentences*». Y ahí se escuchaba al que no tenía ni papa de inglés preguntar: «*¿Cai' que hacer?*». Siempre teníamos dos libros: el *Student's Book*, que era el que iba a color lleno de fotos de adolescentes superfelices con sonrisa Profident; y el *Workbook* (pronunciado tradicionalmente con un *güorbuc* bien marcado), que era el que venía en blanco y negro para hacer los ejercicios directamente en él. Bueno, o para copiarlos del compañero.

MATES

En algún momento pensamos que aprendernos las tablas de multiplicar iba a ser lo más difícil del cole. Luego llegaron el mínimo común múltiplo, las ecuaciones y la geometría. Menos mal que teníamos la tapita de la calculadora para apuntarnos todas las fórmulas. ¿Cuántas veces habéis usado una raíz cuadrada en vuestra vida? Pues eso.

CONO/BIOLOGÍA Y GEOLOGÍA/FÍSICA Y QUÍMICA

Las ciencias empezaron siendo muy bonitas saliendo a ver las flores en primavera o plantando una lenteja o un garbanzo en un vaso de yogur, pero cuando nos tuvimos que aprender las valencias de la tabla periódica para formular el peróxido de magnesio, ya no fueron tan divertidas.

EDUCACIÓN FÍSICA

Aquí siempre hubo mucha división. Los había que preferían que el profe diera unos balones para jugar por libre, que siempre solía ser al fútbol, baloncesto y vóley: cero sorpresas. Y luego estaban los que preferían juegos más tradicionales en los que pudieran participar todos, como el balón prisionero o polis y cacos. En lo que todos estábamos de acuerdo era en que el test de Cooper estaba en el top 1 de torturas físicas. ¿Por qué las organizaciones de derechos humanos nunca tomaron medidas contra esa prueba?

RELI

Había que saberse el nombre de los 12 apóstoles, los Sacramentos, saber buscar en la Biblia el Libro de Mateo, capítulo 1, versículo 40... Pero era la asignatura más facilona. La mayor parte del tiempo se dedicaba a ver pelis con temática religiosa del año de Maricastaña. Había una de muñecos de plastilina que a mí me pusieron como 837.520 veces. Menos mal que después llegó *El príncipe de Egipto*.

PLÁSTICA

Plástica era la materia que nos permitía desarrollar nuestra creatividad. Hicimos manualidades con todo tipo de materiales: con hojas secas, con los restos de sacar punta a las ceras o con trocitos de revistas para hacer un collage. Dos manualidades muy míticas fueron la de pintar una hoja con ceras Manley, cubrirla de tinta, dejarla secar y luego rascar haciendo un dibujo; o la de llenar un bote de sales coloreadas con tizas. ¿Las hicisteis? Lo mejor era cuando el profe o la profe te pedía que llevaras para el día siguiente cartulinas, témperas, una botella vacía de cinco litros y un huevo de pingüino de Madagascar, y tú te acordabas y se lo decías a tu madre a las diez de la noche. Tu madre te miraba con cara de querer asesinarte, pero a los pocos minutos ya te lo tenía todo preparado. Y encima, con dos huevos de pingüino (por si acaso). Nuestras madres tenían ese superpoder para solucionárnoslo todo.

MÚSICA

Mira que había instrumentos guays, como la batería o los timbales, pero no, hubo que elegir la flauta. ¿Os acordáis de esos exámenes de flauta delante de toda la clase? Se pasaba fatal. Y solo existían dos canciones: «My heart will go on», de *Titanic*, y «El himno de la alegría». Todavía me la sé de memoria: mi mi fa sol sol fa mi re do do...

INFORMÁTICA

La asignatura favorita de todos. Ir a la sala de ordenadores y estar a tu aire era lo mejor del universo. Te mandaban cualquier chorrada, como editar un texto y ponerle una portada, que hacías en cinco minutos, y el resto de la hora te metías a internet a ver vídeos, a jugar en Minijuegos o a consultar estasmuerto.com. Calificación: 10.

FRANCÉS

¿Sabéis eso de que los profes tienen que empaparse de lo que se lleva entre los jóvenes para engancharles a aprender? Pues las profes de Francés lo hicieron genial. Bueno, si genial significa poner a niños y adolescentes canciones sobre lolitas provocativas y proposiciones sexuales. Me refiero a cuando nos enseñaban francés con «Moi Lolita» de Alizée y «Lady Marmalade» de Moulin Rouge. Brutal. Mira que la repetimos veces, pero yo aún sigo cantando: «*Vule vú cushé avec muá, sesuá*». Y si tocaba peli, siempre *Amélie*. No se han debido de hacer más películas en Francia.

Viva nuestro

La rutina de las clases a veces se rompía cuando el profe o la profe soltaban: «Y el viernes vamos a hacer una excursión —y aquí es cuando toda la clase se callaba y atendía expectante— ¡al museo hortofrutícola de Huerta de Valdecarábanos(?)!».

Es verdad que la mayoría de las excursiones del cole fueron guays. Aquí depende un poco de la zona de España en la que viva cada uno, aunque siempre estaban las típicas visitas a una granja-escuela, a alguna fábrica de alimentos, a un cine o a un parque de atracciones. Sin embargo, luego había otras que ahora lo piensas y te preguntas: «Pero ¿qué interés van a tener unos chavales de 8 años en la reproducción del olivo?».

El caso es que realmente el destino o el motivo era lo de menos, lo que de verdad molaba de las excursiones era salir por un día de las paredes del cole y disfrutar con tus amigos.

«¿Qué te vas a poner?», «¿tú con quién te vas a sentar en el bus?»... Si erais tres amigos inseparables, putada. Las excursiones eran uno de los grandes eventos del curso escolar y

conductor

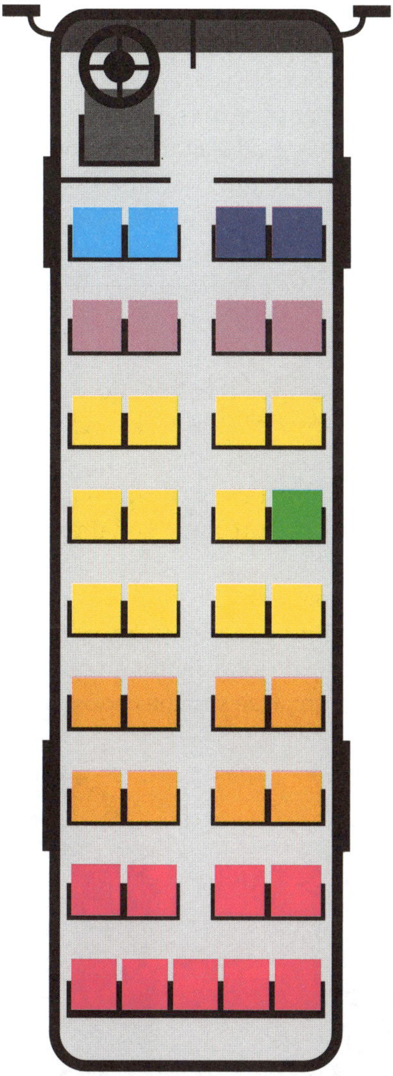

ORGANIZACIÓN OFICIAL DEL BUS EN LAS EXCURSIONES MILENIALS

- Malotes, malotas y gente popu
- Amigos de los malotes, malotas y gente popu
- Gente normal
- El que sabe que se marea y se toma chicles para el mareo porque quiere ser «normal», pero aun así acaba vomitando y apestando el autobús
- Gente que se marea
- Raritos amigos de los profes
- Profes

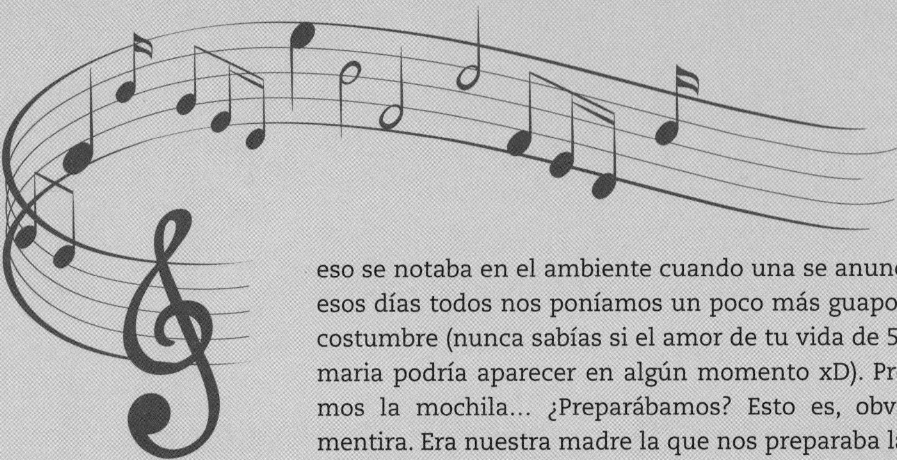

eso se notaba en el ambiente cuando una se anunciaba. En esos días todos nos poníamos un poco más guapos que de costumbre (nunca sabías si el amor de tu vida de 5.º de Primaria podría aparecer en algún momento xD). Preparábamos la mochila... ¿Preparábamos? Esto es, obviamente, mentira. Era nuestra madre la que nos preparaba la mochila. Y lo hacía como si fuéramos a la guerra: 1374 bocadillos, 28 servilletas, el zumito, la cantimplora... ¡la cantimplora! Pero ¿por qué se ha perdido esa moda? Eran geniales. Finalmente, nosotros le dábamos el toque final con un montón de chuches y bollería. Que si Bollycaos, que si Filipinos blancos, Donettes, galletas Príncipe, Doo Wap... Había que echar todo lo posible porque sabías que en cuanto sacaras algo iba a volar.

Aparte de la comida, en la mochila no podía faltar lo más importante: la música.

Había que meter el walkman o el discman (más adelante el MP3 o el iPod) con todos los éxitos que sonaran en ese momento.

Si en un día normal de cole ya había una clara estratificación social, en las excursiones eso se acentuaba. Solo había que analizar la distribución de los asientos en el autobús para saber en qué escalafón social se situaba cada uno.

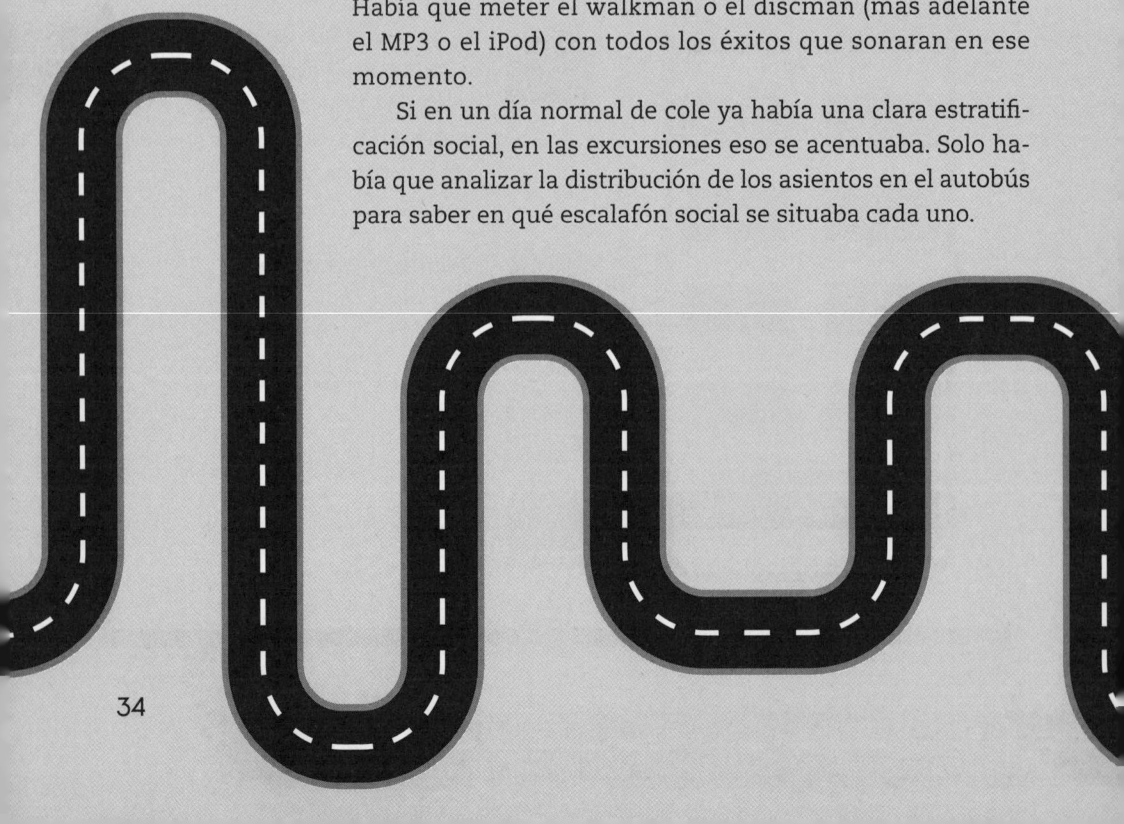

Y si en *Los Simpson* cantaban a coro «Viva nuestro conductor», nosotros también teníamos nuestros propios hits que se cantaban a grito *pelao*, como:

Iba por la calle,
se me cayó un duro,
fui a recogerlo
y me dieron por %$¥©.

«Luis se ha hecho pis en
el saco de dormir.
¿Quién yo?
Sí, tú.
¡Yo no fui!
Entonces ¿quién fue?
¡Laura!
Laura se ha hecho pis…
Bucle infinito

Ya a la vuelta la gente estaba más cansada, así que era el momento de sacar los auriculares, compartir uno con tu compi y escuchar a las Spice Girls, a Estopa o a quien lo estuviera petando en ese momento. Con la satisfacción de haber pasado un día genial.

Seguro que leyendo estas líneas te ha venido a la cabeza **esa excursión** de peque y has sonreído. Ya fuera porque estrechaste lazos con gente con la que no habías tenido relación hasta ese momento, porque la persona que te gustaba al final se sentó contigo en el bus o porque uno de tus amigos hizo el ridículo y aquello se convirtió en una historia de esas que se siguen contando con los años.

Las excursiones estaban llenas de momentos bonitos, muchos de ellos inmortalizados con cámaras de carrete en las que el momento de la foto duraba unos segundos y solo había una oportunidad para salir bien. Porque en aquellos años las fotos eran solamente un recuerdo. Porque en aquellos años no había tiempo que perder.

Agenda

2002/03

LUNES NOVIEMBRE **4**

12:30
Entregar resumen de Lengua.

Eres más malo que Zipi y Zape,
pero estás más bueno que el chocolate.

DE TU VENTANA A LA MÍA
HAY UN LAZO AZUL CELESTE
EN EL QUE PONE CON LETRAS DORADAS:
"AMIGAS HASTA LA MUERTE".

MARTES NOVIEMBRE **5**

SI NO BEBES, NI FUMAS, NI FOLLAS,
PARA QUÉ VIVES, GILIPOLLAS.

MIÉRCOLES NOVIEMBRE **6**

10:00
Examen de Inglés:
Past simple y
Past continuous

11:15
Examen de ecuaciones

Naranjas, naranjas.
Limones, limones.
Yo tengo una amiga
que vale millones.

Si el mundo es un pañuelo,
tú eres mi moco favorito.

En tu puerta me cagué
creyendo que me querías,
ahora que sé que no me quieres
devuélveme la mierda, que es mía.

POEMA

Tu pelo huele a flores,
tu boca sabe a miel,
y por un beso de tus labios,
¡yo me iría hasta Israel!

HECHIZO

Para llevarte bien con los profes, coge un papel y escribe: «Poder de la conexión, acércate a mí». Dóblalo y pégalo debajo de tu mesa de clase. ¡Os llevaréis genial!

TRUCO DE BELLEZA

Si quieres hacer desaparecer ese bigotillo sin depilártelo, solo tienes que pasarte un poco de zumo de limón por él y se decolorará.

JUEVES NOVIEMBRE **7**

En la calle de la A
me hice amiga de la M
que me dijo que la O
era amiga de la R.

El día que tú naciste
cayó una gran nevada,
por eso tienes cara
de merluza congelada.

Bajé al mar,
pregunté a los peces,
pero no encontré
la dedicatoria que te
mereces.

VIERNES NOVIEMBRE **8**

Entre cerdos y cerditos
estaba **** dando
saltitos.

Si el amor es
un flechazo,
¡vivan los indios!

Cuando vayas a la nevera
y te encuentres un melón,
acuérdate de tu amigo
que te quiere mogollón.

TU MADRE TUVO QUE SER
PASTELERA,
PORQUE UN BOMBÓN
COMO TÚ NO LO HACE
CUALQUIERA.

SI TE QUIERES SUICIDAR NO
TE TIRES POR UN PUENTE,
ESTUDIA MATEMÁTICAS Y
MORIRÁS RÁPIDAMENTE.

SÁBADO NOVIEMBRE **9**

CUMPLE DE
LA VANE!!!!!

DOMINGO NOVIEMBRE **10**

Qué triste es amar
sin ser amado,
pero más triste es
limpiarse el culo sin
haber cagado.

CON CARIÑO Y
CACHONDEO,
ESTA ESQUINA TE
ESTROPEO.

CUARTO MENGUANTE

Pon un boli en tu ventana para que la luna lo cargue de poder. Haz con él los exámenes y te irán genial.

TRUCO DE MODA

Coge de tu armario la ropa que te pones solo para salir los findes y póntela también entre semana para ir a clase. ¡Triunfarás!

SMS DE RISA

Xq ls focas n l cirko siempr miran acia arrib? Pues xq arriba stan ls focos.

LUNES NOVIEMBRE **11**

MARTES NOVIEMBRE **12**

MIÉRCOLES NOVIEMBRE **13**

DIGAN LO QUE DIGAN,
LOS PELOS DEL CULO ABRIGAN.

Hagas lo que hagas, ponte bragas.

Si besas a un chico
no lo hagas en el balcón,
que el corazón es ciego,
pero los vecinos no.

I love you en inglés,
ti amo en italiano
y lo mucho que te quiero
te lo digo en castellano.

DE MÍ PARA TI
POR SER TÚ.

Si mi mano fuera pluma
y mi corazón tintero,
con la sangre de mis venas
te escribiría TE QUIERO.

Si fuera Supermán,
te llevaría volando,
pero como no lo soy
te jodes y te vas andando.

Por un beso de tu boca
dos caricias te daría,
tres palabras que demuestren
cuatro veces mi alegría
y, en la quinta sinfonía
de mi sexto pensamiento,
siete veces te diría
las ocho letras de un «te quiero»
porque nueve veces por ti vivo
y diez por ti muero.

VERDES SON TUS OJOS,
VERDE TU MIRADA,
VERDES SON TUS DIENTES,
QUE NUNCA TE LOS LAVAS.

PIROPO

Nene, ya te he echado el ojo... Cuidadito, ¡que te cojo!

CHISTE

Esto era un chico tan feo, tan feo, tan feo, que cuando mandó su foto por correo electrónico, la detectó el antivirus.

TRUCO DE LIGUE

Los chicos no pueden resistirse a besar unos labios supersuaves. Para ello, frótatelos 3 veces por semana con un trozo de aguacate. ¡Los hidratará y nutrirá a tope!

JUEVES 14 NOVIEMBRE

Si me tiras una flecha,
no me la tires al pecho.
Tíramela al culo,
que tengo el agujero hecho.

Tus ojos son dos luceros
que alumbran mi camino.
Un día los cerraste
y me choqué contra un pino.

Una cosa te pido,
No sé si me la darás.
Buscando en
Este poema está.
Si lo encuentras dámelo.
Olvídalo, no podrás.

VIERNES 15 NOVIEMBRE

Soñé que me amabas,
soñé que me querías,
y me caí de la cama
por soñar tonterías.

NO TE FIJES EN
LA LETRA,
NI TAMPOCO EN
LA ESCRITURA,
FÍJATE EN ESTA
AMIGA
QUE TE QUIERE
CON LOCURA.

SÁBADO 16 NOVIEMBRE

ESCARBA, ESCARBA, ESCARBA, ESCARBA,
ESCARBA, ESCARBA,
ESTA POESÍA NO ES BONITA,
PERO SÍ PROFUNDA.

UN 6 Y UN 4,
LA CARA DE TU
RETRATO.

DOMINGO 17 NOVIEMBRE

SI VERTE ME DA LA MUERTE
Y NO VERTE ME DA LA VIDA,
PREFIERO MORIR Y VERTE
QUE NO VERTE Y TENER VIDA.

CON LOS DEDOS DE LAS MANOS,
CON LOS DEDOS DE LOS PIES,
CON LA PICHA Y LOS COJONES
TODOS SUMAN 23.

¿SABÍAS QUE...?

Cuando damos un morreo en toda regla, perdemos una media de 12 calorías. ¿Pues sabes qué? ¡Que viva la dieta del amor!

HECHIZO

Para que él se fije en ti, pasa un pañuelo por encima de una vela roja encendida, deséalo, y lleva el pañuelo encima. ¡Fliparás!

PIROPO

Si la belleza fuera pecado, ¡tú no tendrías perdón de Dios!

¿QUÉ VEMOS HOY?

Más series de peques

☆ HEIDI

Yoo-leró-leró-jijú, leró-jijú, leró-jijúúú. ¿¿Quién no conoce a Heidi?? Uno de los grandes clásicos infantiles de la historia de la animación con el que hemos crecido varias generaciones. Heidi era una risueña niña que pierde a sus padres y tiene que irse a vivir a la montaña con su abuelo cascarrabias. Al principio ese señor es odioso y Heidi lo pasa mal, pero con el paso del tiempo se hacen inseparables y tú acababas amando a ese maldito anciano como si fuera tu propio abuelo. El caso es que todo iba genial, con Heidi feliz en la montaña jugando con Copito de Nieve, Niebla y, por supuesto, su *crush*, Pedro; cuando de repente la obligan a marcharse a Frankfurt para formarse con la malvada señorita Rottenmeier, enemiga número 1 de nuestra infancia. Heidi lo pasa mal porque echa de menos su vida en la montaña, menos mal que allí conoce a Clara, una niña que va en silla de ruedas, y se convierten en amigas inseparables. Al final Heidi acaba regresando con su abuelo y la cosa termina felizmente.

Uno de los momentos más míticos es cuando Clara va a visitarla a la montaña y, gracias a la rehabilitación y con mucho esfuerzo, se levanta de su silla y comienza a andar, ¿os acordáis? *Peak* de mi infancia. Lloré a moco tendido y no me escondo. Adoración absoluta.

CHICHO TERREMOTO

Chicho era un canijo (un canijo pequeñito) con dos sueños en la vida: el primero, ser una estrella del baloncesto, y el segundo, conquistar a Rosita, su compañera de clase. Hasta aquí todo, digamos, normal. Luego resulta que Chicho estaba obsesionado con levantar la falda a las chicas para ver si llevaban bragas blancas. Aquí la cosa ya se enturbiaba un poco… xD. La serie era absurda y surrealista. De hecho, el mayor competidor de Chicho por el amor de Rosita era Bobby, el perro de esta, que andaba a dos patas, llevaba calzoncillos *boxers* y era capaz de hablar. Sentido *not found*. Como buen anime de humor japo, la serie estaba llena de momentos picantes, mamporrazos y caras descacharrantes con las que te partías. Además, por si esto fuera poco, el doblaje en castellano metió mil y una referencias a la cultura cañí española, lo que la convirtió en toda una serie de culto. Hoy en día sería impensable que una serie así se emitiese en horario infantil, pero en los 90 valía todo. Los que la vimos de peques solo podemos recordarla con cariño por todas las risas que nos pegamos con ella. ¡Tres puntos, colega!

LOS THORNBERRYS

Un clásico de las mañanas de verano en *Megatrix*. La serie narraba las aventuras de una familia que viajaba alrededor del mundo grabando documentales sobre la naturaleza. La familia estaba formada por los padres: Nigel y Marianne, presentador y cámara de documentales, respectivamente; y sus dos hijas: Debbie, una adolescente con mala leche, pero con buen corazón; y Eliza, una niña pelirroja con trencitas y aparato que amaba a los animales. Por último, también estaba Donnie, un niño salvaje criado por orangutanes que la familia se encuentra y acoge. Aunque la serie era coral, la verdadera prota era Eliza, ya que tenía el don de hablar con los animales. Gracias a él conoce a Darwin, un chimpancé que se convierte en su mejor amigo, y juntos se dedican a ayudar a los animales y a proteger la naturaleza en cada capítulo. La serie era de los mismos creadores de *Rugrats*, de ahí que su estética fuera muy similar. De hecho, tuvieron un crossover en la peli *Rugrats: Vacaciones salvajes*.

DELFY Y SUS AMIGOS

Delfy era, lógicamente, un delfín, porque si hubiera sido una rata me imagino que se habría llamado Raty. Delfy lideraba un grupo de animales marinos que se encargaban de proteger el mar de la contaminación y de la sobreexplotación. Todo muy ecologista. ¿Que por qué sabíamos que Delfy era el líder? Pues porque era el único con un gorro de poli en la cabeza, era obvio. Ese gorro que o bien estaba pegado con Superglue o bien desafiaba todas las leyes de la física de fluidos. Los malos de la serie eran dos tiburones, un canguro y un buitre renegado de la vida que se llamaba Capitán Vinagre. Mítico. Delfy tenía una cara de buenazo que era imposible no enamorarse de él. *Delfy es tu fiel amigo, Delfy es sensacional*, ya lo decía su *opening*. Una joyita de la animación española.

LOS MEGABEBÉS

Tres bebés huérfanos están en las incubadoras de un orfanato junto con su cuidadora cuando, debido a la alineación de los planetas, los alcanza un rayo y sufren una mutación que les otorga superpoderes. La cuidadora, Nana Lazlo, adquiere superinteligencia, mientras que los bebés adquieren superfuerza, supervelocidad… y supercaca, superpedos y supermocos. A partir de ahí los bebés se dedicaban a combatir el mal lanzando mocos pegajosos, tirándose megaeructos o disparando su propia caca con pistolas. Vamos, la serie que tu madre veía de reojo, se paraba a contemplarla un momento y te decía: «La guarrería de dibujos que veis hoy en día». Y, a ver, tampoco le faltaba razón.

SOUTH PARK

¿Que *South Park* no iba dirigida a niños? Sí. ¿Que nos dio igual? También. La serie se estrenó en 1997 y rápidamente se convirtió en un fenómeno mundial por toda la controversia que generó al hacer humor y crítica social sobre temas tabú como la religión, la política o la sexualidad. Está claro que aún no habían llegado los memes y las redes sociales, porque hoy en día nadie se hubiera escandalizado. Fue una adelantada a su tiempo. La serie llegó a nuestro país en el año 2000 y, claro, con tanta polémica todos la quisimos ver. Los más valientes (y sin control paterno) aguantaban hasta las tantas, pero el resto se tuvo que conformar con grabarla en VHS o ver sus vídeos en el cíber en páginas como El rellano. Con el éxito, rápidamente todo se llenó de productos con las caras de Kyle, Stan, Cartman y Kenny. ¿Y el temazo «Eres un cabrón, hijo puta»? Cultura milenial.

EL CHAVO DEL 8

«No hay huevos a emitir una serie mexicana de los 70 entre los dibujos de por la tarde». Algo así debió ser la decisión de programar esta serie en las tardes de La 2 a finales de los 90. ¿Lo increíble? Que triunfó. La serie nos contaba el día a día de un peculiar vecindario en el que había personas de 50 años haciendo de personajes de 50 años y otras personas de 50 años haciendo de niños de 8. Así conocimos al Chavo, a la Chilindrina o a Quico, ese que tenía los mofletes hinchados cual ardilla que se ha comido diez cacahuetes. Su humor era tan absurdo y sus personajes tan carismáticos que al final media juventud española acabó enganchaba a ella y repitiendo sus frases. «Ay, ya, ¡cállate, cállate, que me desesperas!».

MARCO

El drama hecho serie para niños. *No te vayas, mamá, no te alejes de mí. Adiós, mamá, pensaré mucho en tí*. Es que ya solo con la canción te entraban ganas de llorar. La historia la sabéis: Marco es un niño que vive en un pueblo italiano al pie de las montañas, cuya madre se encuentra en Argentina, a donde tuvo que emigrar para trabajar y mantener a la familia. Él la echa de menos y decide recorrerse medio mundo para ir a buscarla en compañía de su mono Amedio (Amelio para la mayoría). La serie era muy bonita, pero estaba llena de momentos traumáticos para un niño. Marco tenía pesadillas recurrentes con su madre muerta, con carruajes con ataúdes y con mujeres vestidas de negro que le decían: «Marco, la culpa es tuya». Todo supertétrico. Menos mal que al final todo acaba bien y Marco se acaba reencontrando con su mami <3.

TELETUBBIES

Una serie dirigida a los más peques que estaba protagonizada por cuatro muñecos gigantes con cara de ratilla, que tenían pantallas de televisión en la tripa y antenas con símbolos raros en la cabeza. Visto así parece digno de un capítulo de *Pesadillas*, pero no, fueron un auténtico fenómeno infantil. Recuerdo que por aquel entonces había una chorrada en la que tú le decías a alguien: «Te voy a cantar la canción de los *Teletubbies* y cada vez que diga uno de sus nombres tienes que responder "ya", ok?». Y empezabas:

Tú:	**La otra persona:**
–*Tinky Winki.*	–*Ya.*
–*Dipsy.*	–*Ya.*
–*Laa-Laa.*	–*Ya.*
–*Po.*	–*Ya.*

Y con ese jueguecito para que la otra persona dijera el nombre del aparato reproductor masculino, con ocho años te meabas de risa. Así de sencilla era la vida. Y, por favor, no podemos olvidarnos de aquel sol con cara de bebé humano, que todos pensábamos que era un niño y no, ¡era una niña!

ÉRASE UNA VEZ...

Bajo este título se lanzaron varias series educativas de dibujos, cada una con una temática diferente: *Érase una vez... el hombre, los inventores, las Américas...* Todas con los mismos personajes, pero en diferentes «papeles». Vamos, que el que te hacía de neandertal en una te hacía de Mendel en otra, y así. La número uno sin duda fue *Érase una vez... el cuerpo humano* (también conocida como *Érase una vez... la vida*), que nos enseñó cómo funcionaba el corazón o cómo se producía la digestión. Seguro que hoy en día muchos de los de nuestra generación son médicos o biólogas por ella. ¿Recordáis su mítica cabecera? Comenzaba con un hombre y una mujer que se abrazaban desnudos y empezaban a flotar por el cielo, que eso lo veíamos con siete años y mirábamos hacia los lados por si alguien nos había pillado viendo semejante porno. Los que la vimos siempre nos imaginaremos a los glóbulos rojos como personitas que llevan burbujas de oxígeno en la espalda.

LAS TORTUGAS NINJA

¿Unas tortugas musculosas entrenadas por una rata que comen pizza y se dedican a salvar el mundo? POR QUÉ NO. Leonardo, Donatello, Michelangelo y Raphael eran cuatro tortuguillas enclenques que caían accidentalmente en un líquido radiactivo de las alcantarillas de Nueva York y, ¡pum!, se convertían en ~~Chocapic~~ superhéroes. Sin embargo, a pesar de ser superfuertes y reventar cráneos a puñetazos, no dejaban de ser adolescentes y de comportarse como tales, lo que le daba el punto cómico a la serie. Otros personajes míticos eran el Maestro Astilla, la rata que les enseñaba artes marciales; la reportera April O'Neill, enfundada siempre en su mítico mono amarillo, y su gran enemigo, Destructor o Shredder, que era un cruce entre Lobezno y un caballero medieval cuyo objetivo era sembrar el mal. La serie fue un exitazo, sus juguetes se vendieron como churros y, además, dieron el salto a la gran pantalla con varias pelis de acción real que ya son un clásico de comienzos de los 90. ¡Cowabunga!

EL INSPECTOR GADGET

Elaquivalá, inspector Gadget, Elasalvajá, uh, uhhh. ¿En qué idioma estaba la canción de la cabecera? Creo que era francés, pero yo siempre la canté así. Gadget era un inspector que en cada episodio recibía una misión por parte de su jefe. Stop. Todas las misiones tenían que ver con detener los planes de la malvada organización MAD y a su jefe villano. Stop. Sí, ese villano que siempre estaba de espaldas acariciando un gato y del que nunca vimos su rostro. Stop. El cuerpo de Gadget estaba lleno de, oh, sorpresa, diferentes *gadgets*. Stop. *Gadget* en castellano significa «aparato». Stop. Los que más molaban eran su gorro helicóptero y sus gadgetobrazos. Stop. ¿Qué niño no quiso tener gadgetobrazos? Stop. El caso es que, a pesar de toda la tecnología, el inspector era un desastre y siempre la liaba parda. Stop. Los que resolvían todo el asunto desde las sombras eran su sobrina Sophie y su superinteligente perro Sultán. Stop. Era genial. Stop. Este mensaje se autodestruirá en 30 segundos.

Más series de peques

☆ DINOSAURIOS

Dinosaurios era una especie de *sitcom* familiar protagonizada por dinos, no de los que atacan y se comen entre ellos, sino de unos que vivían como humanos. Vamos, una especie de *Cosas de casa*, pero en versión jurásica. Los dinosaurios no podían hacerse por ordenador porque era 1991, así que los personajes eran marionetas animatrónicas gigantes movidas por personas que se metían dentro. Seguro que más de una murió asfixiada en su interior y ni nos enteramos. La serie se centraba en la vida de la familia Sinclair, compuesta por el padre, la madre, sus tres hijos y la abuela; y en cada capítulo siempre sucedía algo que acababa con una moraleja del tipo «protege el medio ambiente» o «no te metas cocaína». Sin embargo, esto no quitó que la serie fuera divertidísima, con el bebé, «el peque», como protagonista absoluto. ¿Os acordáis de que amaba a su madre y siempre rechazaba a su padre con el mítico: «Tú no, mami».

Era un pequeño demonio. ¿Y recordáis ver el final? En aquellos años sin internet, si te lo perdías, quién sabe si lo podrías volver a ver, así que seguro que muchos no lo visteis. Pero ya os lo cuento. *SPOILER*. El último capítulo no tiene nada que ver con el tono del resto de la serie y acaba convirtiéndose en un auténtico drama. Debido a la irresponsabilidad de los dinosaurios con el medio ambiente, comienza la glaciación y ellos se quedan atrapados en casa viendo que van a morir. En algunas emisiones incluso se avisó de que este capítulo podía ser duro para los más peques. Imaginaos el trauma.

THE SIMPSONS™

PAAA-PA-PA-PAPÁÁÁ-PAPA-P

Por favor, ¿qué milenial no tiene esta intro grabada a fuego en el cerebro? La historia de *Los Simpson* es la de una serie de animación que trascendió más allá de la televisión para convertirse en un icono de la cultura pop y en un referente para toda nuestra generación. Pero para entender un poco el fenómeno vayamos al principio.

Inicialmente las aventuras de la familia amarilla se emitían en forma de cortos dentro del programa estadounidense *El show de Tracey Ullman*, pero, debido a su éxito, la cadena Fox decidió encargar una serie propia. La intención era estrenar esta nueva serie en la primavera de 1989 con el episodio «La *babysitter* ataca de nuevo», ese en el que Homer y Marge dejan a los niños con una canguro que resulta ser una delincuente; pero a última hora todo se torció. El resultado final no gustó nada a los creadores y el episodio tuvo que rehacerse casi al completo. Tras varios cambios y retrasos, la serie finalmente vio la luz en diciembre de aquel año con un capítulo especial centrado en la Navidad, dejando el de la *babysitter* para el final de la temporada (1x13). La serie tuvo una gran acogida tanto por parte del público, que ya se había encariñado con los personajes de Springfield con los cortos; como de la crítica, ganando varios premios, entre ellos un Emmy.

Los Simpson **se convirtieron rápidamente en un fenómeno de masas al otro lado del charco.**

PAAA-PA-PA-PA

APAPAPÁ

AMOR AMARILLO

Para que la serie llegara a España hubo que esperar más de un año. La familia amarilla aterrizó en nuestro país la noche del 20 de enero ~~saliendo del tren~~ de 1991. Sorprendentemente, y aunque mucha gente no lo recuerde o no lo sepa, lo hizo en TVE. La serie se estrenó en La 1 con un capítulo especial que servía como presentación a su posterior emisión en La 2. Lo más curioso es que el primer capítulo que se emitió aquí fue el de la *babysitter*. Aquí siempre vamos por libre.

Muchos medios se hicieron eco de la llegada de la serie, puesto que venía precedida por el enorme éxito en su país. El concepto de una serie de dibujos que no estaba destinada a los niños resultaba todavía una idea novedosa y destacaban de ella su irreverencia y su humor disparatado.

La serie se mantuvo en la parrilla de La 2 durante tres años, y se emitía de forma semanal en horario nocturno, pero allí su éxito fue relativo. Para que se produjera el verdadero fenó-

TVE presenta hoy a los miembros de la familia «Simpson»

Madrid. S. T.

La llegada a la programación de TVE de la serie de dibujos animados «Los Simpson», una serie por la que el canal estatal pagó una cifra más que considerable; no podía aparecer en la rejilla de programas sin más. Por ello, aunque habitualmente se emitirá a las 23,00 horas en La 2, la presentación de sus personajes se hace hoy a las 21,45 horas en la primera cadena.

DOMINGO 20-1-91

meno social que todos conocemos, hubo que esperar a que la serie llegase a Antena 3.

La cadena privada se hizo con los derechos en 1994 y siguió emitiéndola por la noche. Sin embargo, pasado un tiempo, decidió cambiar totalmente de estrategia y trasladó la serie al mediodía, hueco en el que ya funcionaban otras *sitcom* de media hora como *El príncipe de Bel-Air* o *Cosas de casa*. El resultado fue que la serie llegó a un público mucho más joven, que, acostumbrado a series de animación más inocentes, se enganchó a ella. Ese fue el origen de la «simpsonmanía».

Antena 3 programó dos capítulos a la hora de comer, de 14.00 a 15.00, y las audiencias comenzaron a dispararse. Todo empezó a inundarse de productos en los que aparecían estos personajes de cuatro dedos: revistas, videojuegos, camisetas, colonias, despertadores, ropa de cama... Todo lo que se pudiera imaginar. Hubo dos cosas que me gustaría destacar: la primera, aquel mítico libro de *Bart Simpson: guía para la vida*, que te enseñaba a falsificar firmas o fabricar chuletas, joya de los 90; la segunda, aquel fabuloso álbum de Panini que coleccionamos media España. Era un álbum normal y corriente, pero con la particularidad de que traía algunos cromos con un círculo para rascar y oler. La cosa es que los

LOS EPISODIOS MÁS QUERIDOS

1. EL ENEMIGO DE HOMER (8X23)

En este episodio hace acto de aparición Frank Grimes, o Graimito, como le gustaba que lo llamaran, un nuevo trabajador de la central que es todo lo opuesto a Homer. Su esfuerzo para conseguir las cosas se ve eclipsado por la suerte de Homer y al final acaba electrocutándose por la desesperación. Es también uno de los cinco episodios favoritos del creador de la serie, Matt Groening.

2. SOLO SE MUDA DOS VECES (8X02)

Los Simpson se mudan a otra ciudad cuando Homer consigue un nuevo trabajo. Todo parece perfecto hasta que se conocen detalles sobre la vida de su nuevo jefe, Hank Scorpio, y la cosa se complica...

3. ¿QUIÉN DISPARÓ AL SR. BURNS? (PARTE 1) (6X25)

Alguien dispara al Sr. Burns y medio pueblo es sospechoso. Se trataba del último capítulo de la sexta temporada, de modo que el misterio no se resolvió hasta el primer capítulo de la temporada siguiente.

4. LA CASA DEL ÁRBOL DEL TERROR V (6X06)

Cada Halloween venía acompañado de un especial de *Los Simpson* con varias historias de terror. En este caso hay una parodia de *El resplandor*, en la que Homer pierde la cabeza, con viajes en el tiempo gracias a una tostadora y profesores que se comen a los niños de la escuela.

5. MARGE CONTRA EL MONORRAÍL (4X12)

Un ambicioso proyecto llega a Springfield, la construcción de un monorraíl. Marge sospecha de la estafa y se opone a él. ¿Quién no ha cantado alguna vez lo de «monorraííííííll, monorraííííííílll»?

*Ránking basado en los votos de IMDb.

CURIOSIDAD

Matt Groening puso a los Simpson los nombres de su propia familia. Marge por su madre, Homer por su padre y Maggie y Lisa por sus hermanas pequeñas. Para Bart, en lugar de usar el suyo, prefirió usar un anagrama de «brat», que significa maleducado en inglés.

círculos estaban situados en lugares como el culo de Homer o el pañal de Maggie, y eso literalmente olía a mierda. Bueno, realmente olían a cosas como ajo y cebolla, pero en nuestra mente infantil pensábamos que ahí había caca concentrada. Nos encantaba.

A razón de dos capítulos al día, a veces tres porque emitían otro por la noche, los milenials aprendimos más por *Los Simpson* que por el colegio. Durante años, Antena 3 emitió las diez primeras temporadas una y otra y otra vez. Acababa el último capítulo y volvían al primero en bucle. Así los 365 días del año. De modo que no sorprende que nos sepamos los *gags*, las frases y, en general, los episodios de memoria.

Quizá no seamos conscientes, pero *Los Simpson* es una de esas cosas que nos une como generación. Ninguna otra ha crecido viendo los mismos dibujos cada día durante tantos años. Así que es pensar en un segundo en la serie y a todos nos vienen cientos de momentos a la cabeza: los *gags* del sofá, la escopeta de maquillaje, el esqueleto del ángel, el señor Burns radiactivo, Tenacitas… y un sinfín más. El resultado es que los milenials encontramos referencias a *Los Simpson* en cualquier situación de nuestra vida. Y cuando menos te lo esperas sueltas un «¡paso, que voy ardiendo!» o un «esto es como aquel episodio de *Los Simpson* en el que…».

Y ahora estás aquí leyendo un libro de nostalgia de aquellos años, no sé si tú lo habías pensado alguna vez, pero seguro que *Los Simpson* ya lo predijeron.

Frases Míticas

- Multiplícate por cero. **Bart**
- Paso, que voy ardiendo. **Trabajador de la siderúrgica gay**
- Eres muy chu-chu-chuli. **Ralph**
- Solo Khlav Kalash. **Vendedor de Khlav Kalash**
- No, no, no, no, no, no, no, nooo... Bueno, sí. **Homer**
- Tendrá todo el dinero del mundo, pero hay algo que nunca podrá comprar..., un dinosaurio. **Homer**
- Voy a matar a Moe, iiiiii. **Homer**
- Oh, sabes que no soy aficionado a rezar, pero, si estás ahí arriba, ¡sálvame, Superman! **Homer**
- Nanananananana, ¡líder! **Fieles de la secta Los Movimientarios**
- Seguro dental / Lisa necesita un aparato. **Lenny / Marge en bucle**
- Marge, ¿cuántos hijos tenemos? ¡No! No hay tiempo para contar. Lo pondré a ojo: ¡nueve! **Homer**
- Aniram al ne etatsila. **Bailarinas del videoclip de Panda a tope**
- ¡Corre, plátano! **Ralph**
- ¡¿Pero es que nadie va a pensar en los niños?! **Helen Lovejoy**
- Y la señorita Krabappel y el director estaban dentro de un armario haciendo bebés y yo vi a los bebés y uno de los bebés se quedó mirándome. **Ralph**
- Jueeegooo, con mi melocotoneeeroo... **Lisa**
- Sin tele y sin cerveza Homer pierde la cabeza. **Homer**
- Nu-ce-lar, la palabra es nucelar. **Homer**
- Te acuerdas de Alf? ¡Ha vuelto! ¡Y en forma de chapas! **Milhouse**
- ¡Quiero mi bocadillo! ¡Quiero mi bocadillo! **Homer**
- ¡Oh, mírame! Estoy haciendo feliz a la gente. Qué bien, soy un hombre mágico del país feliz de la casa de gominola de la calle de la piruleta. Ah, por cierto, pretendía ser sarcástico. **Homer**

Pasión de CULEBRONES

«Las telenovelas son un género televisivo de origen latinoamericano destinado fundamentalmente a un público femenino de mediana edad». Bueno, esa será tu opinión.

Durante los años noventa y los dos mil, TVE programó decenas de telenovelas en las sobremesas. No estaban dirigidas a los más peques, puesto que en ellas había sexo, cuernos, incestos, venganza, violencia, asesinatos... Vamos, todo lo que un niño NO debería ver. ¿Y quiénes las vieron? Efectivamente, nosotros. Así estamos.

¿Que cómo niños y niñas nos enganchamos a ver culebrones latinoamericanos de 873 capítulos? Pues muy fácil. Después de comer nuestras madres y abuelas se ponían a ver la telenovela, mientras que nosotros nos dedicábamos a hacer los deberes. Y, claro, cualquier cosa era más divertida que hacer los deberes. Al principio todos nos acercamos a las telenovelas con cierta reticencia. «Son cosas aburridas de mayores», pensábamos. Pobres inocentes. Un día haciendo la tarea levantabas la cabecita del cuaderno y veías un minuto. Al día siguiente ya veías dos. Al tercer día ya sabías que José Fernando engañaba a Gabriela con Rosaura, la criada, y que a su vez Rosaura se enteraba de que Gabriela era su hermana secreta y que fueron separadas al nacer. ¡Se vienen cositas!

Una vez que te enganchabas a un culebrón, no había marcha atrás. Esas historias rocambolescas, la intensidad de las actuaciones y ese acentazo latino eran adictivos. Y, como buenas marujas de ocho añitos, cada día comentábamos el capítulo en el cole en unas tertulias dignas de «Peluquería Loli».

Entre 1990 y 2009, TVE emitió casi ochenta telenovelas distintas procedentes en su mayoría de países como México, Colombia y Venezuela. Algunas pasaron sin pena ni gloria, pero la mayoría fueron un exitazo. Seguro que os suenan *Agujetas de color de rosa*, *Café con aroma de mujer*, *Esmeralda*, *La usurpadora*, *Rosalinda*, que fue la antesala del éxito de Thalía en nuestro país. *Pobre diabla*, *Gata salvaje* o *Rubí*. Nuestro país también aportó cositas como *El secreto*, *La verdad de Laura* o *Luna negra*.

Muchas de las telenovelas anteriores fueron fenómenos televisivos con millones de espectadores; sin embargo, para hablar de telenovelas que trascendieron más allá de la pantalla y se convirtieron en auténticos fenómenos sociales, tenemos que cambiar de cadena.

Debido al éxito de las novelas en La 1, Antena 3 también decidió apostar por este género. En 2001 se hizo con los derechos de *Betty, la fea*, una telenovela que estaba arrasando en cada país que se emitía. Aquí también lo hizo. La vuelta de tuerca al cuento del patito feo que se convertía en cisne cautivó a medio país. La historia de amor entre Betty y su jefe, don Armando, y, sobre todo, el cambio físico de Betty, que pasó de ser una chica con gafas de culo de vaso, *brackets*, peinado de 1617 y poco gusto al vestir, a ser un pibón, voló la peluca de los espectadores. Eso porque era 2001. Hoy en día, antes de la emisión, ya tendríamos filtrada la foto del antes, del después y del durante. Desde luego la vida entonces era mucho más emocionante.

Para hablar del mayor fenómeno *telenovelero* de nuestra época, hay que irnos hasta 2005. Antena 3 estrenó en sus sobremesas algo llamado *Pasión de gavilanes*, imagino que os sonará. La historia giraba en torno a los hermanos Reyes: Juan, Óscar y Franco, quienes, en busca de venganza por la muerte de su hermana, se infiltraban como trabajadores en la casa de los Elizondo. Con lo que no contaban es con que se acabarían enamorando de las tres hijas de dicha familia: Norma, Jimena y Sarita. Con esta historia de tragedia, venganza y romance, el país colapsó. Pero literalmente. La gente empezó a ir a la piscina y a la playa más tarde porque primero había que ver la novela. La canción de la cabecera se convirtió en un *megahit* que sonaba en todos lados: desde en los móviles, como politonos, hasta en las discotecas; que yo recuerdo ver a chicas subirse a la tarima de la discoteca con un gorrito de *cowboy* y bailar cumbia al son de «Quién es ese hombreee…». Muy loco todo.

Todos sus protas se hicieron famosos en España, especialmente los tres hermanos Reyes, que se convirtieron en auténticas superestrellas. Llenaron páginas y páginas de la *Súper Pop* y la *Bravo* y había montones de foros y blogs en internet dedicados a ellos. Antena 3 vio ahí un filón y decidió traerlos a nuestro país. Los llevaron al programa de María Teresa Campos, a *El diario de Patricia*, a *Pasapalabra*, a *Buenafuente*... y no los pusieron a presentar los informativos porque la dicción de Mario Cimarro no quedaba seria, que si no también. El que levantó más pasiones en nuestro país fue Michel Brown (Franco), así que Antena 3 aprovechó esa fama y lo fichó para presentar el programa de parejas *Estoy por ti*, lo puso como presentador en la gala de Nochevieja y lo metió como actor en *Física o química*. El Corte Inglés, por su parte, lo eligió como imagen para una de sus campañas. Yo ya me imaginaba que este señor se acababa empadronando en Móstoles.

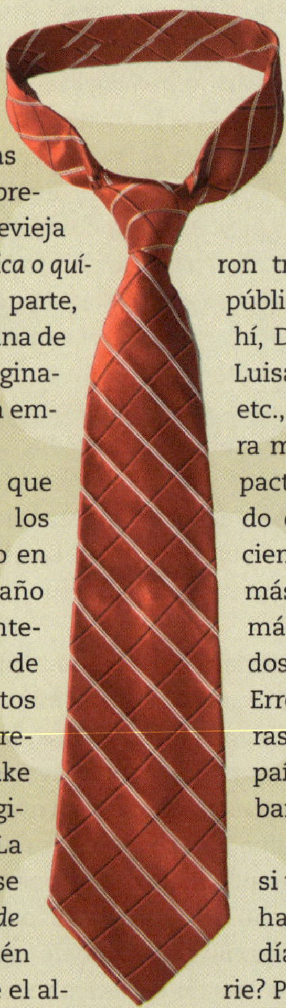

Cuando pensábamos que un fenómeno como el de los «Gavilanes» tardaría tiempo en volver a repetirse, solo un año más tarde llegó *Rebelde* a Antena 3. Y aquí comenzó uno de los mayores enfrentamientos de la historia milenial. Os resumo. *Rebelde* era un remake mexicano de la novela original argentina *Rebelde way*. La cosa es que aquí *Rebelde* se emitió en Antena 3 y *Rebelde way* en Localia y en la recién nacida Cuatro. Lógicamente el alcance de Antena 3 era infinitamente mayor, así que la más famosa y la que más impacto tuvo aquí fue *Rebelde*.

La trama de ambas novelas era prácticamente la misma: unos cuantos alumnos y alumnas de un exclusivo colegio de élite se agrupan formando lo que ellos llaman «La logia», cuyo objetivo era hacer la vida imposible a los estudiantes becados porque pensaban que la gente con menor poder adquisitivo no debería ser aceptada en un colegio como ese. Como es lógico, estos prejuicios se acababan yendo a la porra y al final descubrían que todos podían ser amiguis y/o parejas. Fin.

Al final, las dos series acabaron triunfando, cada una con su público, y sus protagonistas: Anahí, Dulce María, Alfonso Herrera, Luisana Lopilato, Benjamín Rojas, etc., se convirtieron en ídolos para miles de adolescentes. Su impacto llegó incluso hasta el mundo de la moda, con jóvenes luciendo corbata en el instituto al más puro estilo «rebelde». Además, ambas dieron lugar a sendos grupos musicales: RBD y Erreway, que llegaron a hacer giras de conciertos en nuestro país y llenaron estadios hasta la bandera.

Y algunos os preguntaréis: si todo era tan similar, ¿por qué había dos bandos que defendían a muerte a una u otra serie? Pues voy a daros sus principales argumentos:

FANS DE *REBELDE WAY*

- *Rebelde way* es la original.
- Los protagonistas de *Rebelde* son adultos haciéndose pasar por adolescentes.
- La estética de *Rebelde* es demasiado picante para ser un colegio. «Por favor, ¡esas botas de Mía!».

VS

FANS DE *REBELDE*

- *Rebelde way* es muy ñoña.
- Los actores de *Rebelde* son más guapos.
- Las canciones de RBD son mucho mejores.

Lo cierto es que, a pesar de que las dos novelas acabaron hace años, aún hay muchos fans de una y de otra que mantienen una rivalidad irreconciliable. Desde aquí os invito a reencontraros y a daros una oportunidad. De verdad, no sois tan diferentes.

La última telenovela más destacable de los dos mil procedía de Telecinco. Es cierto que la cadena no apostó mucho por las telenovelas, pero en 2006 dio en el clavo realizando la versión española de *Betty, la fea*: *Yo soy Bea*. La protagonista fue Ruth Núñez, conocida anteriormente por dar vida a la bosnia Tanja en *Compañeros*. La serie fue un éxito y mucha gente se enganchó (otra vez) a la historia del patito feo que se convertía en cisne, solo que esta vez con un toque más español.

Y esta es la historia de cómo un género no destinado ni a niños ni a jóvenes acabó arrasando entre los niños y los jóvenes. *Música de despedida*.

FIN

Érase una vez...
La Vida Milenial

¿Te sales a

Una de las cosas más guays de nuestra infancia fue que tuvimos un equilibrio perfecto entre jugar en la calle y jugar con esas «nuevas tecnologías» que estaban empezando a llegar a nuestras vidas. Supimos disfrutar de ambas cosas sin tener que renunciar a ninguna de ellas, porque nos encantaba jugar al escondite y a la peonza tanto como dar de comer a nuestro Tamagotchi o echar unos vicios a la Play.

Desafortunadamente, muchos niños hoy en día ya no saben lo que es pasar las mañanas, tardes e incluso noches como nosotros lo hacíamos: jugando en la calle. Sin móviles, sin internet, simplemente tú y tu pandilla disfrutando del momento. ¿Os acordáis?

Durante el curso, lo normal era quedar después de hacer la tarea y merendar. Siempre había un punto de encuentro en el que juntarse todos: una esquina, una glorieta, la puerta de alguien… O también podía ser uno de esos días en los que no habíais quedado, pero tú te aburrías y te ibas a buscar a tus amigos directamente a su casa para que no tuvieran escapatoria.

Siempre había un punto de encuentro en el que juntarse todos: una esquina, una glorieta, la puerta de alguien…

A veces había algún plan establecido, como jugar a la comba o echar una pachanguita, y otras veces simplemente se salía y ya se vería lo que deparaba la tarde. Lo que solía deparar eran muchas risas y buenos ratos, porque en aquellos años no había sitio para el aburrimiento; siempre había algo que hacer, algo de lo que hablar o alguna trastada que liar.

JUGAR?

Los findes eran nuestros días de descanso y todo esto se multiplicaba por dos porque podíamos estar en la calle mañana y tarde.

Y si hablamos del verano… ¡Ay, el verano! Aquellos veranos parecía que duraban años, y nosotros nos lo pasábamos en la calle. Esas noches jugando en el barrio mientras las viejecillas tomaban el fresco o aquellas otras de banco, pipas y helado hablando de tontunas hasta las tantas… Lo mejor de la vida.

El objetivo de este capítulo es recoger algunos de esos juegos de la calle a los que les dedicamos horas y horas de nuestra infancia. Muchos eran heredados de generaciones anteriores y otros de origen puramente milenial. Juegos con los que lo dábamos todo como si nos fuera la vida en ello. Si tenías que tirarte al suelo, te tirabas; y, si tenías que saltar desde un árbol, te cagabas de miedo, pero saltabas. Porque no había sido una buena tarde si no llegabas a casa sudando, con mierda hasta las cejas o con costras en las rodillas de tanto jugar.

En aquellos años, aún había juegos considerados «de niñas» y juegos considerados «de niños». Menos mal que nuestra generación ya tenía la mente más abierta y la mayoría hicimos lo que nos dio la gana. Si eras chica y querías jugar al fútbol, lo hacías, y si eras chico y querías jugar a la goma, también.

Como en aquellos años no había la comunicación que hay ahora, muchos de estos juegos tienen un montón de nombres y variantes diferentes, pero veréis que la mayoría hemos jugado y hemos crecido de la misma forma, con la «cultura de la calle».

LA PEONZA O TROMPO

¿Quién no tuvo una peonza y le puso una moneda de 25 pesetas en la cuerda para lanzarla mejor? Un clásico. Había dos tipos de peonzas: las de punta redonda y las «carniceras», con la punta tan afilada que seguramente hoy en día serían consideradas como arma blanca. Lo primero que había que hacer con una peonza recién comprada era tunearla, no existía otra opción. Tú no podías irte a jugar con una peonza «virgen» a la calle porque eso era de *pringaos*. Para decorarlas sacábamos nuestras mejores dotes artísticas; un poquito de rotu, un poquito de pintaúñas de nuestra madre, unas chinchetas para mejorar la aerodinámica y ¡tachán! Tu peonza esta lista para triunfar. Para jugar podías bailarla en el suelo o en la palma de tu mano, que eso nos encantaba; o también podías enfrentarte a las peonzas de tus colegas. Para ello se hacía un círculo en el suelo, el «campo de batalla», y se lanzaban a la vez todas las peonzas. El objetivo era expulsar a las demás fuera de él. Y, bueno, yo no sé de dónde salían esas fuerzas con lo micos que éramos, pero allí se lanzaba con una agresividad que yo vi partir peonzas por la mitad mientras sus dueños lloraban desconsoladamente. Dulce infancia.

LA GOMA

También conocido como «el elástico». Era una simple tira de goma, unida con un nudo por los extremos, que se colocaba entre las piernas abiertas de dos personas (o sillas o postes en su defecto). Después había que saltarla, es decir, bailar enredando y desenredando las piernas en la goma al son de la canción que se cantase, como por ejemplo «Chicle americano». Si te equivocabas, te tocaba ponerte a sujetar la goma como castigo. Evidentemente, esto era muy sencillo, así que había varios niveles de dificultad, denominados, atención, «alturitas». Esto significaba que se empezaba en el nivel 0, con la goma en los tobillos, y luego se iba subiendo por el cuerpo y aumentando la dificultad. Estaban el «nivel espinilla», el «nivel rodilla», pantorrilla, cadera, cintura, sobacos…, y cada nivel tenía un juego asociado. El nivel máximo consistía en levantar los brazos lo más alto posible y poner la goma en la punta, que para llegar ahí tenías que hacer una voltereta lateral que ni Eddy en el *Tekken 3*.

Chicle más chicle,
más chicle americano.
Que se abre, que se cierra,
que se pisa y para fuera.

LAS CHAPAS

El Subbuteo de los niños con pocos recursos. El juego consistía en hacer un campo de fútbol en el suelo y jugar con las chapas de los botellines, así que lo primero que había que hacer era conseguir al menos once chapas para crear tu equipo. ¿Y de dónde las sacábamos? Pues de dónde va a ser, de los bares; que los camareros estaban ya hasta los huev*s de escuchar a niños repelentes decir: «Señorrr, ¿me guarda las chapas?». Hubo una época en la que Coca-Cola decidió poner las caras de los jugadores de la Selección dentro de las chapas, así que nos matábamos por ellas. Algunos bares tuvieron que poner incluso lista de espera. Muy fuerte. Luego había niños que, animados por *Art Attack*, recortaban las caras de los cromos de Panini repes y se hacían su propio equipazo. El fomento de la reutilización y el reciclaje que promovía este juego no lo consigue Ecoembes ni en cien años. La otra opción para jugar era hacer un circuito y echar carreras. Se ponían todas en la línea de salida y en cada turno golpeábamos la propia chapa con el dedo. El primero que llegaba a la meta ganaba.

LAS CANICAS

Todos los niños teníamos nuestro propio bolsito o riñonera con canicas de todos los diseños y tamaños. Y cada tipo de canica tenía su nombre, aunque habría tantas versiones como localidades en nuestro país. Yo, por ejemplo, a las grandes las llamaba «boloncios», a las verdecitas, «dragones»; y a las que eran negras con pintitas, que parecían el universo y las estrellas, «brujas». En cada partida se apostaba un número determinado de canicas y por eso a la hora de jugar había una seriedad y una concentración que ni en el ajedrez. Yo no entiendo cómo podíamos tener esa puntería lanzando con los dedos y tampoco sé cómo nos podíamos pasar HORAS jugando agachados. Si me agacho ahora más de dos minutos, tiene que venir a por mí la UVI móvil.

EL ESCONDITE

El que se la ligaba hacía una cuenta atrás de cara a algo, una pared, un portón, etc., y mientras el resto se escondían. Su objetivo era encontrarlos a todos para ganar el juego. Cada vez que descubría a uno, tenía que ir corriendo hasta el sitio donde había contado y dar una palmada diciendo: «¡Por fulanito!», y así «el descubierto» era eliminado. No obstante, si el descubierto llegaba a ese punto antes que él y decía: «Por mí», se salvaba y se podía volver a esconder. También existía el comodín de «por mí y por todos mis compañeros», con el que se salvaba él y todos los que estaban eliminados hasta ese momento, y se volvía a empezar el juego. Vamos, que ligársela siempre era una grandísima putada.

LA COMBA

Dos personas giraban una cuerda y tú tenías que entrar dentro a saltar una canción del estilo «Al cocherito leré» o «Al pasar la barca». A la hora de jugar había dos modos. Estaba el «modo paseo», con la cuerda girando despacito; y el «modo centrifugado», que era el que a nosotros nos gustaba, con la cuerda girando a diez mil revoluciones por minuto. En un cuarto de hora quemabas cien millones de calorías, así que luego podías permitirte un par de Bollycaos sin problema. Vamos, que lo que hoy se llama «el gym y el ñam» nosotros ya lo hacíamos en los 90.

Al cocherito leré,
me dijo anoche, leré,
que si quería, leré,
montar en coche, leré.
Y yo le dije, leré,
con gran salero, leré:
«No quiero coche, leré,
que me mareo, leré».

Al pasar la barca,
me dijo el barquero:
«Las niñas bonitas
no pagan dinero».
Yo no soy bonita
ni lo quiero ser,
tome usted los cuartos
y a pasarlo bien.
(Zasca grandioso donde los haya).

BALÓN PRISIONERO/CEMENTERIO/EL MUERTO/LAS VIDAS

Todos estos juegos se basaban en lo mismo: lanzar el balón contra los oponentes para matarlos. Y con matarlos me refiero literalmente a aniquilarlos de la faz de la Tierra. Porque el juego siempre empezaba muy guay y muy *friendly*, pero a medida que iba avanzando la cosa, el ambiente se calentaba y ese balón alcanzaba velocidades de misil transoceánico. Para eliminar al adversario había que darle directamente con el balón, no valía que este hubiera tocado previamente el suelo. Y, si el adversario conseguía coger el balón en sus brazos, conseguía una vida y podía rescatar a uno de los compañeros muertos. Sin embargo, esto ocurría muy poquitas veces porque, como os digo, ese balón iba a una velocidad que ni el AVE; así que la mayoría preferimos salvaguardar la integridad de nuestra preciosa cara antes que ganar el juego. Aun así hubo valientes que lo intentaron y se dejaron la cara en el balón al más puro estilo Wilson, el balón de *Náufrago*.

EL YOYÓ

Había dos tipos de yoyós: los de toda la vida y los nuevos que iban a pilas y tenían lucecitas, que eran los que todos queríamos. La moda, por aquel entonces, era hacer truquitos con el yoyó. De hecho, en las revistas y programas infantiles siempre salían niños repelentes que sabían hacer decenas de trucos: que si pasear al perrito, que si el columpio, que si no sé qué. Luego estábamos la mayoría de nosotros, que bajábamos el yoyó y al subirlo ya se nos había enredado siete veces.

EL DIAVOLO

El diavolo también tuvo su momento de gloria y las calles se llenaron de niños y niñas jugando con él. Aquí, al igual que con el yoyo, disfrutabas más cuando más cosas sabías hacer. Yo, en mi inutilidad, solo sabía menearlo por la cuerda, pero había gente que era capaz de lanzarlo a Marte y luego recogerlo con la cuerda como si nada. Nunca entendí por qué no nací con ese superpoder.

TINIEBLAS

Era como el escondite, pero sin luz. Y si en el escondite ligársela era una putada, aquí lo era el doble porque te podías dejar la cara contra un mueble o cualquier otro obstáculo. Los que mejor se lo pasaban eran los que se escondían, sobre todo si ya había hormonas traviesas y había tonteíllo con otra persona, porque de repente eso dejaba de ser Tinieblas y se convertía en un cuarto oscuro.

Niños jugando a Tinieblas.

BOTE BOTERO

Este también era como el escondite, pero introduciendo una botella de plástico como elemento estrella. La botella se llenaba de arena hasta la mitad y se colocaba en medio de donde se jugase. Si le pegabas una patada antes que el que se la quedaba, salvabas a todos tus amigos y se volvían a esconder. A esa botella se le pegaba con tantas ganas que seguro que todavía hay alguna orbitando entre la basura espacial.

FUROR

La adaptación gratis del programa de la tele. Se hacían dos equipos, se decía una palabra y había que cantar canciones que la contuvieran. Por ejemplo, con «mar». Empezaba un equipo, seguramente cantando: «Mar en calma en un atardecer...»; y luego le tocaba al otro: «Baaajo el mar, baaajo el mar...». Después le tocaba de nuevo al primer equipo y así hasta que uno de los dos grupos se quedara sin canción o repitiera alguna de las que ya se habían cantado. El equipo ganador se llevaba un minipunto y el que consiguiese varios minipuntos se llevaba el juego.

EL ESCONDITE INGLÉS

Si te la ligabas, tenías que ponerte mirando a la pared y decir eso de «Al escondite inglés, sin mover las manos ni los pies». Mientras, el resto aprovechaba para ir avanzando hacia tu pared y tocarla para ganar. Cuando acababas de hablar y te girabas, todos tenían que quedarse quietos como estatuas; pero siempre estaba la típica persona con cero equilibrio que no paraba de moverse. El caso es que, cuando decías su nombre para eliminarla, encima te lo recriminaba. Vamos a ver, Yoli, que he visto a personas electrocutándose moverse menos que tú.

FÚTBOL CALLEJERO

Era el verdadero fútbol, el que se jugaba en el barrio con los colegas. Si había suerte, se echaba el partido en alguna pista disponible y, si no, creábamos nuestro propio campo haciendo las porterías con las chaquetas del chándal. Y no, aunque el mismo chaval contara los mismos pasos para hacer ambas porterías, nunca medían lo mismo.
El fútbol de la calle también tenía su propia normativa:

1. Los equipos se elegían por estricto orden de calidad futbolística. Daba igual que entre los elegibles estuviera tu mejor amigo; si era un paquete, se quedaba el último. Aquí te jugabas mucho y no había piedad.
2. El más grandullón era siempre el portero, daba igual que su sueño fuera ser el mejor delantero. No se concebía otro puesto.
3. El saque se elegía a piedra, papel y tijera.
4. No valían los trallazos.
5. Solo había falta si había sangre, si no, claramente «se había tirado».
6. No había fueras de juego, se aceptaba la figura del «chupagoles».

Pero si por algo se caracterizaba el fútbol callejero era por su balón. ¿Un balón último modelo superaerodinámico? No. Un balón reventado que se caía a cachos. De esos que, si te pegaban un balonazo, las costuras te raspaban hasta el alma. Si encima el balón estaba mojado, más vale que hubieras dejado escrito tu testamento...

EL CONEJO DE LA SUERTE

Este juego no era para divertirse, era para intentar besar a la persona que te gustaba. Todos nos sentábamos en círculo y nos uníamos con las palmas de las manos puestas hacia arriba. Al son de la cancioncita, íbamos golpeando la mano de la persona de nuestra izquierda y, cuando se terminaba la canción, la persona en la que se quedaba el juego elegía a quién besar. Se jugaba a toda h*stia, pero siempre se podía intentar trampear un poquito yendo más rápido o más despacio para que acabase donde queríamos. Bien en nosotros mismos, para besar a nuestro amor platónico, o bien en ese amigo o amiga al que queríamos putear porque se moría de vergüenza y no quería besar a nadie. Si es que siempre hemos sido el demonio.

El conejo de la suerte
ha salido esta mañana
a la hora de dormir.
Pim, pam, pum, pem.
Ya está aquí,
haciendo reverencia
con cara de inocencia,
tú besaras al chico o a
la chica
que te guste más
y no te deje de gustar
cada día más y MÁS.

EL PAÑUELO

Se dividía el campo en dos mitades y se hacían dos equipos, cada uno con sus componentes numerados. En el centro había una persona que sujetaba un pañuelo y que iba diciendo números. Si decía, por ejemplo, el 3, los treses de los dos equipos tenían que ir a por el pañuelo. Si lo cogías y se lo llevabas a tu equipo sin que el oponente te tocase, ganabas. Por contra, si picabas y tocabas al rival o pasabas a su campo antes de que hubiera cogido el pañuelo, perdías. Ahí aprendimos que la potencia sin control no sirve de nada. Ya lo decía Pirelli.

POLIS Y CACOS

Se hacían dos equipos: los polis y los cacos. Ninguna sorpresa. Los cacos se escondían y los polis tenían que atraparlos y llevarlos a la cárcel (zona previamente establecida). La cosa es que los cacos podían salvarse entre ellos si uno de fuera de la cárcel tocaba a uno de los de dentro. Realmente la mecánica no era nada de otro mundo, pero es uno de los juegos más divertidos que había.

RETROCEDE

Se jugaba en una manzana. Alguien se la quedaba y tenía que ir recorriendo la manzana en una dirección, mientras el resto tenía que hacer lo mismo, pero en la dirección contraria. Cuando se producía el cruce, el que se la quedaba tenía que intentar atrapar a los otros jugadores y, si lo conseguía, los atrapados le tenían que agarrar la mano formando una cadena. Solo había una regla básica: nadie podía retroceder. El juego seguía, vuelta tras vuelta, hasta que todos eran atrapados; que, claro, llegaba un momento en el que los que se la quedaban ocupaban la calle de lado a lado y ya era imposible escapar.

EL TIMBRAO

El juego de joder a los vecinos. La mecánica era simple, pero dependía un poco de dónde jugases. Si jugabas en casas bajas, llamabas al timbre y te escondías para ver la cara de panoli que se le quedaba a la persona que abría cuando veía que no había nadie. Si jugabas en pisos, pulsabas mil botones de los telefonillos y te quedabas a escuchar cómo los vecinos se hacían un lío hablando entre ellos. ¿Cabrones? Sí éramos. Pero es que encima había un nivel de hijoputez superior: «el truco de la pipa». Consistía en introducir la cáscara de una pipa en la junta del botón del telefonillo para dejarlo presionado y que no parase de sonar. Ahí ya Satanás ascendía del infierno y te chocaba los cinco para felicitarte por tu maldad. Entre mis recuerdos puedo visualizar a un señor en calzones y camiseta de tirantes corriendo detrás de mi grupo y soltando de todo por la boca. Desde aquí le pido disculpas, señor Paco.

LA BOTELLA

Otro juego para pillar cacho. Aquí ni siquiera había canción, esto iba a saco. Se giraba la botella y a quien le tocase elegía a quién besar. Este juego fue el germen de muchas parejillas de la época.

BESO, VERDAD O ATREVIMIENTO

También conocido como «el juego del salseito». ¿Que la Noelia y el Iván se gustaban? Pues todo el juego giraba en torno a intentar que se liaran. Le tocaba a Iván y, como se moría de vergüenza, no elegía beso, sino atrevimiento. Pero ya estaba ahí la «madre» del juego tramando cual Celestina para ver cómo lo hacía. «A que no te atreves a dar un abrazo de treinta segundos a la Noelia», decía, e Iván y Noelia se ponían más rojos que un tomate. Y, si en lugar de atrevimiento, Iván elegía verdad, pues directamente le decía: «¿No es verdad que te gusta Noelia?». Vamos, que eso era el *Saw* del amor, no ha había escapatoria.

LA RAYUELA

Se hacía el dibujo con tiza en el suelo y se cogía algún objeto para lanzar ¿Las plataformas del *Crash Bandicoot* te parecían difíciles? Pues ojito con la rayuela. Parecía una chorrada de juego, pero para jugar bien había que tener la precisión de un francotirador, el equilibrio de un flamenco y la elasticidad de Míster Músculo.

PALMITAS

Ya fuera en la calle o en el patio del recreo, siempre había niñas jugando a las palmitas a velocidades cercanas a la de la luz. Lo habitual eran jugar en parejas, pero también existían variantes con tres y cuatro personas; que ahí había una coordinación que ni en el equipo olímpico de natación sincronizada. Pero si hay algo digno de estudio de este juego son las canciones que se cantaban. Porque «Chocolate», vale, ok. «Milikituli» sonaba a maleficio, pero vale, también ok. Pero si nos vamos a «En la calle-lle veinticuatro-tro», ahí la cosa ya se pone un poquito turbia. ¿Pero por qué una vieja tenía la necesidad de matar a un pobre gatito de una patada? Y encima decíamos «pobre vieja, pobre gato». No, perdona, pobre el gato que se quedaba moñeco, a esa vieja malvada que le den por ahí. Sin embargo, todo esto se queda en nada si nos vamos al *top one*: «Don Federico». Pero, vamos a ver, ¿nadie se dio cuenta de que esa letra era horrible? Y encima nosotros la cantábamos con la mayor de las sonrisas. A nuestro lado el niño de *La Profecía* era un angelito.

Choco choco lala
choco choco te te
chocolá chocoté
chocolate.

En la calle-lle veinticuatro-to
ha habido-do-do un asesinato-to.
Una vieja-ja mató un gato-to
con la punta-ta del zapato-to.
Pobre vieja-ja, pobre gato-to,
pobre punta-ta del zapato-to.

Milikituli, la catuli, la potínguele,
se fue a la ética, poética, sinfónica.
Milikituli, la catuli, la potínguele,
se fue a bailar el cha-cha-chá.

10
8
9
7
5
6
4
3
2
1

FELIZ, FELIZ EN TU DÍA

¿Recordáis lo emocionante que era cumplir años de peques? Ahora, a la mayoría de nosotros no nos hace ni p* gracia hacernos un año más mayores, pero por aquel entonces empezábamos con la cuenta atrás incluso varias semanas antes.**

Los cumpleaños eran uno de los eventos sociales más importantes de la infancia. Había niños que invitaban a toda la clase y había otros que solo invitaban a sus amigos más cercanos. Así que, en función de la cantidad de cumples a los que te invitaran durante el curso, se podía saber más o menos tu nivel de popularidad.

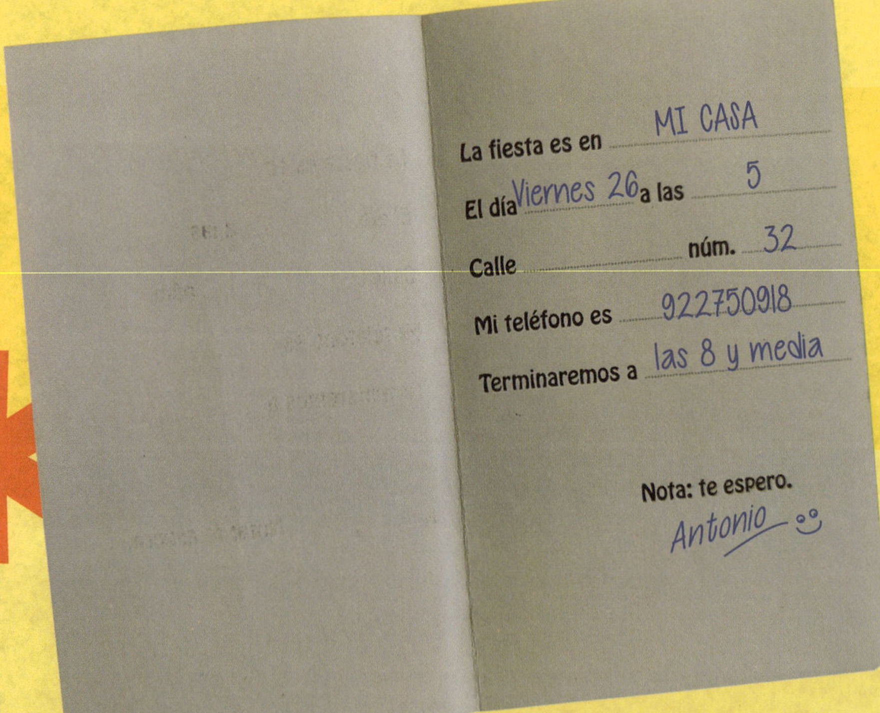

La llegada de un cumple normalmente se solía avisar con una invitación como la de más arriba, que se repartía personalmente en clase. A nosotros nos encantaba recibir una porque eso significaba: primero, que teníamos amigos, y segundo, que se acercaba una tarde de chuches y juegos. A quienes no les hacía tanta gracia era a nuestras madres, que cada vez que veían una nueva tarjeta se ponían descompuestas porque estaban hasta el santo higo de gastarse dinero en cumpleaños de mocosos.

Un cumpleaños infantil milenial tradicional se celebraba en la casa del cumpleañero o cumpleañera. Daba igual que la casa fuera grande o pequeña, ahí cabía todo cristo. Cuando entrabas, lo primero que veías era una mesa gigante cubierta completamente por platos y vasos; normalmente todo de plástico, porque ahí todavía no había mucha conciencia medioambiental. Todos esos platos estaban hasta arriba de comida: gusanitos, ganchitos, patatas, gominolas... Y, en el centro, la estrella, una bandeja repleta de sándwiches cortados en triangulitos y protegida por papel film para que nadie metiera la zarpa antes de tiempo. Lo siento, si no había sándwiches cortados en triangulitos, no era un

Un cumpleaños infantil milenial tradicional se celebraba en la casa del cumpleañero o cumpleañera.

cumpleaños milenial decente. Los sándwiches solían ser de cosas como nocilla, mortadela o salchichón. Había madres que eso lo veían como demasiado poco, así que decidían untarle al pan una buena capa de mantequilla. Energía no nos iba a faltar.

Casi todos los cumples solían seguir la siguiente programación:

1. *Picoteo en la mesa de gusanitos, patatas, gominolas y guarrerías varias.*
2. *Rato de juegos con los amigos: escondite, polis y cacos, balón prisionero, etc. Generalmente, se dejaba a la persona del cumple elegir los juegos porque era su día. Las madres se quedaban hablando y comentando cosas de nosotros y del colegio.*
3. *Llamada de las madres y vuelta a la mesa sudando como pollitos para merendar un sándwich. O dos. O diecisiete. Para beber se cogía un vaso y se mezclaban Coca-Cola y Fanta de naranja a partes iguales. Nadie conoce el origen de esa receta ancestral, pero todos lo hacíamos.*
4. *Nuevo rato de juegos. Aquí un clásico era «el juego de la silla». Se colocaban las sillas en el centro y se ponían canciones en, ojo, un radiocasete. El que no conseguía sentarse en una quedaba eliminado, así que cuando veías que te quedabas sin silla, te sentabas a lo bruto encima de cualquiera. Hubo chavales que perdieron los testículos en aquel juego.*
5. *Pequeña riña por el juego de las sillas. Siempre había alguien que no sabía perder.*
6. *Nueva llamada de las madres: la tarta. La típica tarta milenial traía dibujitos y figuritas comestibles, muy de los 90.*
7. *Momento piñata. Esto era opcional, no siempre la había, pero daba un punto de calidad al cumple. Batalla campal por las chuches. Nueva riña.*
8. *Entrega y apertura de regalos. Envidias varias.*
9. *Última sesión de juegos. Agotamiento.*
10. *Recogida y finalización del cumpleaños.*

Entre los regalos estrella de nuestra infancia estaban los VHS de las pelis de Disney, las colonias de personajes de dibujos, todo tipo de muñecas y figuras de acción, algún chándal o prenda aleatoria, la colonia de la Barbie, el balón del Mundial de turno, un Tetris, morrallita de los veinte duros que te compraban algunos amigos y, sobre todo, material escolar. Mucho material escolar. Cuadernos, estuches, pinturas, rotus... Parece que, como éramos amigos del cole, había que regalar cosas para el cole. Lógico. Y dentro del material escolar, hubo un regalo que nos hicieron a todos: el maletín de pinturas. El mítico maletín con 256 pinturas de las que no pintaba ninguna. Los lápices de colores no pintaban, ara-

El mítico maletín con 256 pinturas de las que no pintaba ninguna.

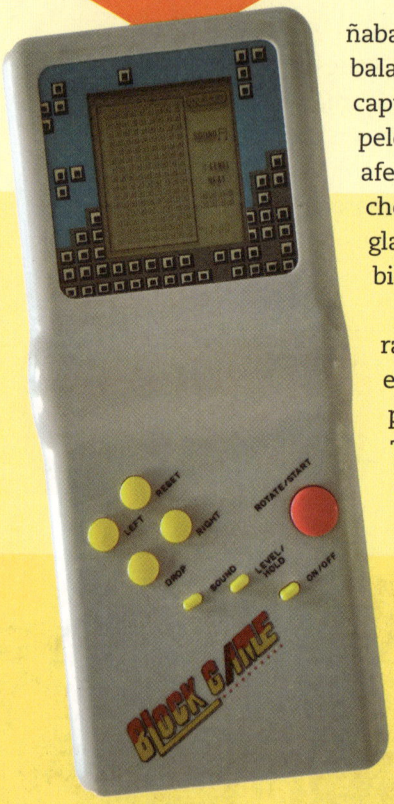

ñaban el papel; los rotus venían secos, las ceras se resbalaban y no coloreaban, el borrador no borraba, el sacapuntas reventaba los lápices, el pincel tenía unos pelos más duros que los pelos que te salen cuando te afeitas las piernas, las acuarelas se partían en mil cachos... Vamos, que lo único que valía de ahí era la regla, y porque no comprobamos si las medidas estaban bien...

Con la popularización, en los 90, de los restaurantes de comida rápida, muchos niños también empezaron a celebrar sus cumples allí. Esos cumples en el McDonald's, en el Burger King o en el Telepi, cada uno con su menú individual y su juguete, se convirtieron también en un clásico.

La mayoría de los niños cumplían los años durante el curso escolar, pero también había otros cuyo cumple caía en verano, Navidad o Semana Santa. Ahí invitar a los compis de clase se complicaba y la cosa se centraba en los familiares y amigos del barrio. Pero los cumples no se diferenciaban mucho de los anteriores.

¿Y os acordáis de aquellos niños que no celebraban su cumple, pero que traían bolsitas de chuches a clase? Esas bolsitas transparentes en forma de cono y repletas de golosinas. UNA PARA CADA UNO. Por favor, lo mejor del mundo.

Ya de adolescentes, los cumples eran diferentes. Sobre todo, porque no había adultos e íbamos más a nuestra bola. Se podían seguir celebrando en casa con unas pizzas y guarrerías, o en sitios como los recre o la bocatería. Si la pandilla era solo de chicas, entre ellas se solían regalar ropita y colonias como la Puzzle, Minifruits de Don Algodón o Halloween. Si la pandilla era solo de chicos, entre ellos se solían regalar: . Y, si la pandilla era mixta, a las chicas se les seguía regalando lo mismo y a los chicos ya por lo menos se les regalaba algo, porque se juntaban los conocimientos en gustos de los chicos con la organización para comprar de las chicas.

Con la popularización, en los 90, de los restaurantes de comida rápida, muchos niños también empezaron a celebrar sus cumples allí.

Una cosa muy de la época fueron las esclavas de plata con el nombre grabado por arriba y las iniciales de los que la regalaban por debajo. Tremenda horterada.

Además, cuando llegaron los móviles y los SMS, se puso de moda felicitar pasadas las 00.00 h. De hecho, si eras el mejor amigo, tenías que felicitar con un SMS a las 00.00 en punto (artículo 5 del Código Deontológico de la Amistad Milenial). Si llegabas a las 00.05, eras una mierda de mejor amigo, sinceramente. Los mensajes eran del tipo:

Muxas flicidads!! Buf k dcirt k no spas. K ers supr imxtant xa mi y k spro k td t vaya gnial con los 16 y yo st ai xa vrlo. St find l clbrams a top!! 1bsote! :p

Y ya en la etapa Fotolog, Tuenti o Facebook era obligatorio llenar el muro de felicitaciones. Daba igual que ya te hubieran felicitado por SMS, también tenían que ponerte un comentario ahí para que la gente supiera que tenías amigos.

Seguro que leyendo todo esto te han venido a la cabeza un montón de recuerdos de aquellos geniales cumples y te ha dado un poco de nostalgilla de la buena. Pues no es solo que de niños se viviese todo con más intensidad, también era cuestión de actitud. Así que ahora, cuando llegue tu cumple, vívelo con la misma ilusión. Y no deshonres a tu yo de 7 añitos; él nunca lo haría.

Mi Primera Comunión

Bueno, para muchos la primera y la última, porque desde aquel día no han vuelto a pisar una iglesia.

Según datos de la Universidad de Invent, 9 de cada 10 niños hicimos la comunión en nuestra infancia. Unos por religión, otros por tradición y otros, sencillamente, porque nos obligaron nuestros padres.

¿Recordáis toda la parafernalia? Para llegar a la comunión, lo primero que había que hacer era tragarse unos cuantos años de catequesis y de domingos yendo a misa. Todos teníamos un catecismo con dibujitos que leíamos y analizábamos durante la catequesis. A veces incluso había tareas, ¡aparte de las del cole! Eso era ilegal.

Cuando se acercaba la fecha, nuestras madres se empezaban a poner nerviosas. Había que comprar el vestido o el traje. A los niños se les compraba el tradicional traje de capitán o de marinerito y a las niñas el típico vestido blanco inmaculado con un cancán en la falda digno de *Las meninas*. Los niños siempre iban guapos, o al menos en una versión mejorada de ellos mismos, con un trajecito que se parecía el de Eric cuando se casa con Ariel y con el pelo engominadísimo. Las chicas..., bueno, aquí había dos grupos. Las que iban guapísimas como princesas y aquellas a las que su madre se había empeñado en ponerles el mayor número de complementos posibles: unos guantes, un floripondio, una pamela de siete metros de diámetro... Que tú

ya no sabías si esa era la Silvia o ET cuando se disfraza de mujer. No sé, igual te has *pasao'*, Mari Carmen.

Antes del gran día, había que hacerse las fotografías de rigor. Esa incomodísima sesión de fotos fingidas cogiendo Cristos y rosarios y haciendo que rezábamos. Nosotros sabíamos que esas eran unas fotos importantes, pero no éramos conscientes de que nuestra madre y nuestra abuela iban a imprimir una a tamaño 17 x 34 metros y la iban a plantar en la entrada o en el salón de casa para que la viera todo el mundo. Así que, si salías bien, guay; pero si no, seguro que te ha tocado aguantar las risas de tus amigos y otros invitados a tu casa durante toda la vida.

Casi todos guardamos un gran recuerdo de aquel día tan especial. Esa ceremonia en la que nos sentimos estrellas de Hollywood porque nos hicieron tres mil fotos con flash con aquellas cámaras de carrete; y esa primera vez que comulgamos, todos con la hostia consagrada pegada en el paladar y mirándonos unos a otros con cara de «¿qué es esto?».

Lo mejor del día eran el banquete y la fiesta de después con todos tus hermanos, primos y amigos. Y, por supuesto, el momento de los regalos, porque la comu era el día en el que se hacían los regalos de verdad, los caros: la tele para tu habitación, la minicadena, la mountain bike, la Nancy Comunión, un reloj Flik Flak, el despertador gallina que tuvimos media España... y, por supuesto, no podían faltar el libro de firmas y las joyas; porque qué niño o niña de 8 años no querría tener un anillo o medalla de oro de Cristo o de la Virgen en lugar de una Game Boy.

Pero yo lo que sigo sin saber es qué pasó con todo el dinero que nos dieron aquel día, porque yo recuerdo a mis tías-abuelas aflojar varios billetes de diez mil pelas a cambio de soportar sus sonoros y pringosos besos y nunca vi un duro. «Mamá, ¿dónde está mi dinero?».

¡Hazte con todo!

QUIZÁ NO LO RECORDÉIS, PERO EN NUESTRA INFANCIA TODOS TUVIMOS UNA AFICIÓN COMÚN: EL COLECCIONISMO.

Nos encantaba coleccionar de todo, ya fuera reuniendo los objetos que venían de regalo en las bolsas de patatas y otros comestibles o comprando directamente en tiendas y quioscos. Esta afición no surgió de la nada, sino que se debió a que muchas de las cosas que comprábamos llevaban algún regalito muy atractivo para los niños. Era genial.

¿Os acordáis de todo lo que coleccionábamos? Desde cromos hasta tazos, pasando por chapas, fotos o vasos. Hagamos un repaso de algunas de las colecciones que triunfaron en aquellos años.

ÁLBUMES DE CROMOS

Hablar de álbumes de cromos es hablar de Panini y sus decenas de colecciones. En los noventa triunfaron los álbumes de los clásicos Disney: *La sirenita*, *La Cenicienta*, *La Bella y la Bestia*, *Pocahontas*, *Hércules*... ¿Esa preciosidad de álbum de *El Rey León*? No tengo pruebas, pero tampoco ninguna duda de que el Señor Panini nadó en billetes gracias a ese álbum, porque no había niño o niña que no lo tuviera. ¿Y os acordáis de esos cromos especiales que tenían el fondo transparente? Los más deseados de todos. También hubo álbumes de otras temáticas aparte de Disney, como *Dragonball*, *Las Tortugas Ninja*, *Casper*, *Astérix y Obélix*, los *Power Rangers*, *Barbie*, *Buscando a Wally*... Bueno, hubo álbumes de prácticamente cualquier cosa que lo petase en aquellos años.

Otros álbumes estrella, sobre todo entre los chicos, fueron los de La Liga. Un clásico año tras año. Cada equipo con su escudo, su entrenador y su plantilla de jugadores para esa temporada; y luego llegaban esos codiciados «últimos fichajes», que salían en el último momento y que se pegaban a modo de «ventanita» con todo el esmero sobre otros cromos.

Los vendedores de álbumes sabían que rápidamente nos enganchábamos a coleccionar, así que muchas veces se colocaban en la puerta del cole y, cuando entrábamos, nos regalaban el álbum plancha y unos cuantos sobres de cromos. Ahí picábamos y ya nos metíamos a hacer la colección completa. Bien jugado, cabr*nes, bien jugado.

¿Y la ilusión que nos hacía cuando nos daban dinero para comprarnos cromos? Esa satisfacción de comprarte varios paquetes, abrirlos y ver que la mayoría de cromos no los tenías solo es comparable a cuando ahora consultas tu cuenta bancaria y ves que te han ingresado la nómina. Felicidad se llama.

Como la paga no era infinita y acabar las colecciones era complicado, lo normal era coger tu listado escrito a mano y tu taco de cromos repes y llevártelos al recreo o al barrio para intercambiarlos con tus amigos. Empezabas a enseñar los repetidos a la velocidad del rayo mientras tu amigo iba diciendo cosas como «tengui / falti» o «sile / nole».

STICKERS

Eran un tipo especial de pegatinas brillantes que causaron sensación a finales de los noventa. Se vendían en sobrecitos en los 20 duros. Las hubo de todas las temáticas posibles: *Rugrats, Pokémon, Dragonball, Teletubbies*, Piolín, etc. También se vendían álbumes con las páginas enceradas para poder pegarlas y despegarlas al intercambiarlas con los amigos. La otra opción, más

Magic stamps de Grefusa

Metal rappers de Shin chan de Bollycao

Petit Boing de Petit Suisse

barata, era coger un álbum de fotos de los pequeños y pegarlas en los plastiquitos para meter las fotos. A la hora de hacer intercambios, todo el mundo sabía que los *stickers* con terciopelo o purpurina valían por dos *stickers* normales, y eso era así.

PINS

Una moda que heredamos de los ochenta. Durante los noventa aún era muy habitual ver puestos de pins en las ferias y comprártelos para tu colección. Los había de todos los personajes y diseños que pudieras imaginar y era habitual ponerlos en un corcho, una tela o en la gorra.

CROMOS

Aparte de los álbumes de cromos, también coleccionábamos cromos sueltos, solo que estos no se compraban, venían de regalo en los bollos, los chicles u otros productos.

La reina de los cromos fue sin duda Bollycao, que durante años lanzó decenas de promociones chulísimas que nos encantaba coleccionar (si tenías suerte y el aceite no había empapado el cromo). Hubo un montón de colecciones míticas: aquellas letras del abecedario en la que salía Sonic, los Adivina adivinanza, las Ventanas mágicas, las Movi Cards, los Espejismos,

Cromos de Bollycao

los coches de Scalextric, los Eto, los Klons, los Kaos o, quizá los más famosos, los Toi.

Debido al éxito de sus colecciones, Bollycao llegó a lanzar incluso álbumes para algunas de ellas, como la de *El mundo perdido* (*Jurassic Park*), con esos cromos en los que la imagen cambiaba y veías el esqueleto del dinosaurio; o los de Mi mejor amigo, que traían información sobre distintas razas de perros.

Otras colecciones de cromos muy míticas fueron las de los Phoskitos, las de la tira de Donettes, que eran como cromos alargados que venían en el fondo de la caja; o aquella de los huevocartoons imitando a cantantes de la época con nombres como EggTopa o Alegg Huevago. El *peak* del humor dosmilero.

Aquaflash de Kellogg's

Huevox de Phoskitos

P-GOTAS

Grefusa ideó este tipo de pegatinas especiales y las incluyó en sus bolsitas de snacks. Eran unas pegatinas minúsculas con un relieve transparente, como simulando una gotita de agua; de ahí ese nombre entre «pegatina» y «gota». Hubo «pegotas» de logos y marcas, de *Los Simpson* y de cosas totalmente aleatorias como balones o bolas de billar. Todos las usamos para decorar nuestra calculadora, la Game Boy, la PlayStation, el discman, el móvil o cualquier cosa que creíamos que necesitase un poco de color.

PEGATINAS DE CHICLES

En aquellos años el mercado podía reducirse a tres tipos de chicles: los Bubbaloo, los Boomer y los chicles de diferentes licencias. Los primeros jamás trajeron pegatinas. Los segundos, los Boomer, de vez en cuando traían pegatinas pegadas en el interior de su envoltorio. Entre sus colecciones más famosas estuvieron las de *Pokémon* y *Shin Chan*. Los terceros, los chicles de licencias, siempre siempre traían pegatina. Si el chicle era de *Digimon*, pues traía un cromo de *Digimon*; si era de *Anastasia*, pues de *Anastasia*. Fácil, ¿no?. De hecho, yo creo que estos chicles eran realmente una excusa para venderte la pegatina, porque su sabor duraba literalmente dos segundos y luego se convertían en piedra.

Hubo infinidad de colecciones. De *Compañeros*, de chistes de *Genio y figura*, de los *Furby*, de Barbie, de la LFP, de *Los Picapiedra*, de *Gran Hermano*, de *Operación Triunfo*, de Leonardo DiCaprio... Sí, sí, de Leonardo DiCaprio. Un chicle dedicado única y exclusivamente al actor, que traía pegatinas con fotos de su carita bonita. Los noventa eran lo más. Otros muy típicos eran los basados en las pelis Disney, pero en versión *low cost*. Por ejemplo, el chicle de *El rey león* se llamaba Little King y el de *Mulán*, La mujer guerrera. Siempre se buscaba la forma de no tener que pagar derechos a Disney.

Muchos de estos chicles tuvieron además su propio álbum, que solía ser de una única página y que te lo regalaban en las tiendas de chuches.

GOGO'S

Los Gogo's eran unos muñequillos de colores, con diferentes formas y tamaños, que fueron muy populares en los noventa. Se vendían en sobres y tenían su propio portagogo's, aunque Coca-Cola también los regaló en varias promociones. Había diferentes modalidades de juego, aunque lo cierto es que la mayoría nos inventamos nuestra propia forma de jugar. Una de las formas más comunes era hacer un círculo en el suelo e intentar sacar los Gogo's de tus oponentes lanzándoles tus Gogo's. Los que sacabas te los llevabas.

TAZOS

Los tazos son, probablemente, el coleccionable milenial más icónico. Los primeros tazos en llegar a nuestro país lo hicieron de la mano de Matutano en 1994. Se llamaban «matutazos» y traían dibujos de los *Tiny Toons*, que triunfaban en aquel momento. Rápidamente se convirtieron en un auténtico «pelotazo». Perdón. De los *Tiny Toons* hubo varias colecciones: los tazos, los supertazos, los megatazos, los magic tazos, esos míticos en los que

Manos locas de Matutano

Doraditas de Marbú

cambiaba la imagen al moverlos; y, por supuesto, los master tazos, que eran esos tazos gruesos de plástico duro que se usaban para arrasar en las partidas. Los tazos normales venían en las bolsas pequeñas y los master tazos en las grandes.

Los recreos y calles se llenaron de niños jugando a los tazos. El juego consistía en hacer una torre de tazos bocabajo y lanzar un tazo contra ella. Los tazos que se cayeran de la torre bocarriba te los llevabas.

Así quedaban los tazos de tanto jugar

De este modo teníamos tazos nuevecitos, que usábamos para coleccionar, y tazos reventados y casi sin dibujo, que usábamos para jugar y apostar. El *boom* fue tal que Matutano también sacó unos «portatazos», o sea, unos botes de plástico con un enganche para que los transportásemos a cualquier lado. Top 3 en la clasificación de «mejores inventos de la historia».

Con todo este exi-tazo (lo siento, no puedo parar), Matutano lanzó más tipos de tazos: de *Dragonball*, de Barbie, de los *Power Rangers*, de Chester, la mascota de Cheetos, ¡y hasta de Chiquito de la Calzada! Los famosos chiquitazos, que traían las expresiones más célebres del humorista como «Pecadorr» o «¿Te das cuen?». ¿Puede existir algo más noventero que un tazo de Chiquito?

Muchas empresas también se apuntaron al carro y empezaron a regalar tazos de todo tipo: urkelazos, tazos de *Cosas de casa*; corazonazos, tazos en forma de corazón que daban con los chicles de *Pocahontas*; tazos de *Street Fighter II* de los chicles, tazos de Casper de Bimbo, tazos de Donettes; y así hasta el infinito. También hubo tazos, rebautizados como *caps*, de *El Rey León* que se vendían en sobres.

Todo esto sucedió a mediados de los noventa. Después la cosa se calmó un poco hasta que en el 2000 volvió la fiebre con los tazos de *Pokémon*. De nuevo, de la mano de Matutano. Creo que esta segunda ola superó incluso a la primera en furor, porque todos nos motivamos y quisimos completar la Pokédex con los tazos. Aquí también hubo de todo tipo: master tazos, tazos evolution, en los que cambiaba la imagen al moverlos; gigantazos, tazos más grandes que los normales, y hasta sticker tazos, tazos con una pegatina por encima. También hubo nuevos portatazos y, como teníamos tantos tazos que se quedaban cortos, sacaron hasta portatazos dobles. Una locura.

Seguro que muchos de vosotros, como yo, guardáis un gran recuerdo de abrir esas bolsas de Ruffles o de Pandilla y buscar rápidamente el tazo para ver cuál te había tocado. ¿Y esos días en los que tenías la suerte de tu parte y te tocaban dos en la misma bolsita? Un gus-tazo. Este es el último.

HOJAS DE CAMBIAR

También conocidas con otros nombres, como cartas de olor u hojas perfumadas. Eran unas hojitas ilustradas con diferentes diseños que olían a perfume. Si las tuvisteis, seguro que con la imagen os ha venido a la mente su olor. Estas hojas en realidad estaban diseñadas para ser usadas cuando te carteabas con alguien. ¿Recordáis lo que era cartearse? Suena a siglo XVI, pero, en una época en la que no había móviles ni internet, muchos amigos se enviaban cartas para comunicarse. Lo cierto es que, aunque hubo gente, muy poca, que usó las hojas para escribir cartas, lo más habitual era coleccionarlas sin usar. Aparte de las hojas sueltas de diferentes tamaños y formas, también estaban los llamados «conjuntos», «cartisobres» o «sobrecartas», en los que venía la hojita con su sobre a juego.

Con todo esto, en los recreos se formó un auténtico mercado negro de hojas papel que ríete tú de los contrabandistas. Las niñas (algunos niños también coleccionaron, pero era una afición más típica de las niñas) iban con su carpetita llena de hojas de cambiar perfectamente colocadas y listas para cambiar. Había varias reglas:

- Las hojas grandes se cambiaban por varias hojas pequeñas.
- Los cartisobres tenían mucho más valor que las hojas, así que normalmente se cambiaba cartisobre por cartisobre o cartisobre por unas cuantas hojas perfumadas.
- Cada paquete de hojas traía una portada de cartulina con el diseño. Como solo existía una, eran lo más difícil de conseguir, así que las portadas eran lo que más valor tenía.

Mensajitos de Grefusa

FOTOCROMOS

Los fotocromos no eran más que copias de fotos de series, pelis y famosos que se vendían en sobres en los quioscos. Los hubo de las Spice Girls, de los BSB, de *Titanic*, de *Pasión de gavilanes*, etc. Normalmente venían con la copia de la firma de estas personas, que algunos se pensaban que Geri o Brian se habían puesto a firmar de su puño y letra tres millones de fotos. Bendita inocencia.

LOS 20 DUROS

Los Todo a 100, más popularmente conocidos como «los veinte duros», fueron un fenómeno durante la década de los 90.

A los típicos comercios de barrio, como la ferretería, el ultramarinos o la mercería, se les unió este nuevo concepto de tienda que ofrecía cientos de productos a precios muy económicos. Ahí es, precisamente, donde radicaba su éxito. Los veinte duros vendían desde decoración para la casa hasta material escolar, pasando por juguetes o arena para gatos, todo muy ecléctico. Así que normalmente eran tiendas abarrotadas de cosas desde el suelo hasta el techo; no había ni un centímetro cuadrado de espacio que desperdiciar. Ante tanta oferta, la gente se fue acostumbrando al Todo a 100 para comprar cualquier cosa porque sabían que allí iban a encontrar lo que buscaban. Además, siempre solían tener artículos muy novedosos traídos directamente desde Asia, como el ultrapicador de lechuga 2000 o la estantería para la ducha con cuádruple ventosa. Yo recuerdo un secador de uñas a pilas que se compró mi madre en plan «oh, ¡el futuro!». Ahí está, sin abrir.

Pero lo que de verdad hizo famosos a los Todo a 100 fueron sus precios. Prácticamente todo valía 100 pesetas. Lógicamente, había artículos más grandes y más caros que se iban a las 200, 500 o

1.000 pesetas; pero, en general, para casi cualquier producto era suficiente con una moneda de veinte duros. De este modo, con poco dinero, te llevabas varias cosas y te ibas con la sensación de «¡menuda ganga!». Los nombres que se elegían para estas tiendas ya se encargaban de dejarlo claro: «Don Cien», «Hiperchollo»... No había lugar para la duda.

Para nosotros, como niños, los Todo a 100 eran una fantasía.

Era la tienda a la que no te daba pereza acompañar a tu madre o padre, normalmente madre, porque sabías que allí algo, sí o sí, caía, aunque fuera una

chorrada. Tú cogías varios productos que te gustaban, ponías tu mayor cara de bondad y se los llevabas a tu madre a ver si colaba. Y ella te decía: «Déjate de más trastos» y seguía mirando sus cosas, pero tú no te rendías tan pronto. Empezabas a seguirla por toda la tienda a ver si la convencías y, si no, aprovechabas para llevárselo al mostrador cuando ya estaba a punto de pagar. Para que le diera vergüenza delante de la gente y pasara por el aro o con la esperanza de que alguna vecina soltase un «anda, cómpraselo, mujer». Truquitos.

¿Y qué podíamos encontrar de peques en los 20 duros? Pues todo tipo de juguetes y figuras de plástico, como animales, soldaditos, las versiones falsas de la Barbie llamadas, por ejemplo, «Vanessa y sus vestidos», que podían tener un ojo bien y el otro pintado en la frente; o lo mejor, que era cuando los fabricantes no conocían bien las series de los niños y te ponían a Goku vestido de Power Ranger o te vendían un Teletubbie con metralletas. Maravilloso. También había mallas de canicas, barajas de cartas, peonzas, pelotas saltarinas, cespinos, pomperos, hojas de cambiar y libros de cuentos, pero no los de Disney, sino las versiones baratas mal dibujadas en las que parecía que a Simba le había atropellado un camión. Una pasada para cualquier niño. Los 20 duros también eran el lugar ideal para comprar cosas de papelería baratas, como cuadernos de cartulinas de colores, estuches y demás cositas para molar en el cole.

En 2002, con la llegada del euro, los Todo a 100 tuvieron que adaptarse y pasaron a ser los Todo a 1 euro, pero la subida de precio se notó demasiado y fueron perdiendo clientela poco a poco. Al final la mayoría acabó cerrando y fueron sustituidos por auténticos bazares chinos, pero los que íbamos allí de peques nunca los olvidaremos.

VISCOSO PERO SABROSO

TOP CHUCHES+

PIRULETAS DE PITUFO

La expresión «tragarse un Pitufo» cobró aquí un sentido literal. Eran piruletas con un pitufo azul y blanco en la punta que sabían a Coca-Cola con picapica. Tremendamente adictivas.

PHOSKITOS

¡El pastelito más enrollado! Que te compraran Phoskitos para merendar era lo mejor del mundo, por lo ricos que estaban y por los cromos y juguetes que traían. Había dos formas básicas de comerse el pastelito: a bocados, si tenías más hambre que un ñu, o arrancando pequeños trocitos de la espiral de chocolate desde fuera hacia dentro. A mí esta segunda manera me proporcionaba un placer indescriptible. ¿Lo hicisteis? Mención especial a su mascota noventera, ese Phoskito semihumano, con ojos, brazos y piernas; y ataviado con una gorrita amarilla. ¡Era adorable!

FANTASY BALL

En los 90, Chupa Chups lanzó unos chupas *premium* llamados Fantasy Ball. Cada uno venía en una bolsita individual y traía una pegatina en su interior. Lo más novedoso era que la bola que se chupaba tenía dos partes, una mitad inferior rosa, de chicle, y una mitad superior de caramelo transparente, a través de la cual se veía un dibujo. Una de esas cosas que nos fascinan cuando

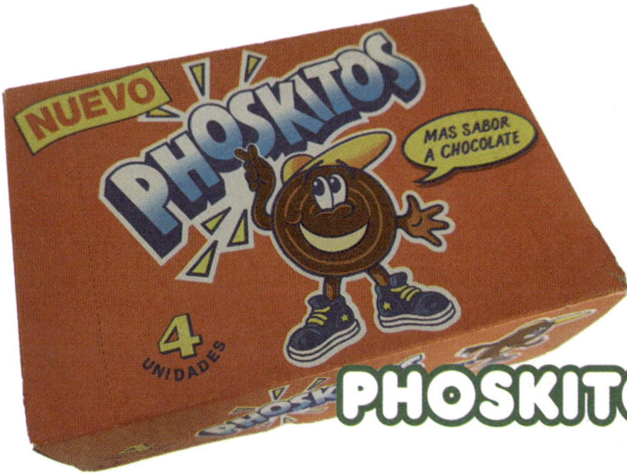

PHOSKITOS

REFRESCO RADICAL FRUIT

tenemos 8 años. Tanto ese dibujo como el envoltorio siempre pertenecían a las licencias más famosas del momento: *Pokémon, Jurassic Park, Star Wars, Los Simpson...*, aunque seguramente los más recordados sean los que hubo de las Spice Girls. Si los probasteis, seguro que ahora mismo os ha venido el sabor a la cabeza.

KOJAK DE FIESTA

KOJAK DE FIESTA

Un clásico entre los clásicos. Primero se rechupeteaba el caramelo de cereza y después se masticaba el chicle del interior. ¿A quién se le ocurriría meter un chicle dentro de un caramelo? Pues no lo sé, pero pocas experiencias culinarias eran tan exquisitas como esa. A veces éramos tan ansias que mordíamos el caramelo para llegar al chicle y acabábamos masticando un chicle como con tropezones. Chicle, por cierto, con el que se hacían las mejores pompas del mundo.

REFRESCOS RADICAL FRUIT

Pepsi lanzó en los 90 estos refrescos de frutas sin gas que venían en envase de vidrio y los comercializó bajo la marca The Radical Fruit Company. Tenían una estética desenfadada y gamberra, ya que iban fundamentalmente dirigidos al público adolescente. Fueron un *boom* gracias a su fuerte campaña de marketing en televisión, cuyo lema central era *Let's radical*. Seguro que recordáis esos anuncios en los que un señor iba asesinando frutas para hacer el

HUEVOS KINDER SORPRESA

refresco porque eran muy impactantes y usaban una animación a ordenador bastante avanzada para aquellos años. Como curiosidad, en uno de ellos nos dieron a conocer el mítico *Devil came to me* de Dover, ¡temazo! En cuanto a sus sabores, los teníamos de limón, naranja o frutas del bosque, solo que se vendían bajo los nombres de *Lemon obssesion*, *Orange attraction* y *Wild fruits seduction*. Idiomas, querida.

REFRESCOS FRUITOPÍA

Si Pepsi tenía sus refrescos Radical Fruit, Coca-Cola hizo lo mismo con Fruitopía, la «utopía de frutas». Era un concepto muy similar, refrescos de frutas sin gas, solo que en este caso apostaron por sabores más exóticos, como el plátano, el melocotón o el mango. Y si los Radical tenían nombres en inglés, estos los tenían en castellano. Pero no os imaginéis nombres como plátano, melocotón o mango, no. Los llamaron cosas como Amor platánico, Pasión al melocotón o Mangozada a la mandarina. «Camarero, ¿me pone un amor platánico?», dijo nunca nadie. El invento no funcionó y acabaron siendo retirados a finales de los 90.

HUEVOS KINDER SORPRESA

¡Felicidad! Es maravillar con Kinder Sorpresa, ¿quién sabe qué hallar? Los huevos Kinder siguen en plena forma, pero son algo que todos asociamos a nuestra más tierna infancia. ¿Recordáis la ilusión cuando te compraban uno? Con ese

chocolate buenísimo y con los nervios por ver qué juguete te había tocado... Mi abuelo me compraba cada domingo una bolsa de chuches que siempre incluía un huevo Kinder :_). Gracias, abu. ¿Sabéis que los huevos Kinder están prohibidos en Estados Unidos? No porque sean malos para la salud, sino porque hay una ley de 1938 que prohíbe los dulces que contengan objetos no comestibles que pudieran ingerirse por error. No puedo imaginarme una vida más triste.

NOCILLA

¡Qué meriendilla! Un clásico de la vida. ¿Quién no ha merendado una buena rebanada de pan bien untada en Nocilla? Es que se me cae la baba. ¿Y os acordáis de la mítica canción del anuncio? *Leche, cacao, avellanas y azúcar*... Alguien se inventó aquel bailecito en el que los ingredientes iban saliendo de diferentes partes del cuerpo al ritmo de la canción. En mi zona el azúcar era caspa de la cabeza, las avellanas eran mocos de la nariz, el cacao era caca del culo, y la leche salía de la *****. ¿Os acordáis? Se hizo viral sin necesidad de internet. Otra cosa que tenemos que agradecer a Nocilla es el haber renovado la vajilla de medio país, dándonos además vasos superguáis cuando éramos peques. ¡Siempre *Team Nocilla*! (L).

MONCHITOS

Tú lees «Arroz inflado con sabor a jamón» y no te dice nada, pero cuando ese arroz acaricia tus papilas gustativas

PAN CON CHOCOLATE

PINTALABIOS

te mueres del gusto. Los Monchitos siempre destacaron respecto a otros snacks porque su bolsa era más pequeña, lo que te permitía echártelos directamente a la boca. Si tú te los comías cogiéndolos con la mano, lo siento, eras raro/a. Puede parecer que su mítico envase amarillo con el monstruito lila no ha cambiado nunca, pero lo hizo en 2004. Seguramente no lo recuerdes porque fue algo muy fugaz y rápidamente volvieron al envase original. Pero lo más curioso de los Monchitos siempre fue el misterio sobre sus premios. En la bolsa siempre ponía «Hay miles de premios gratis». Y los había, pero no en los Monchitos. ¿O acaso conocéis a alguien que le haya tocado algo en una bolsa de arroz? *Nadie contestó*.

PAN CON CHOCOLATE

No sé quién fue la primera persona en hacer esta mezcla, pero acertó de lleno, y en los 90 era frecuente ver a los niños con un trozo de pan y media tableta de chocolate dentro. ¿Por qué se habrá perdido esta tradición? Yo voy a hacerme uno ahora mismo.

PINTALABIOS

No, no es que se me haya ido la pinza y de repente me haya puesto a hablar de cosmética. Es que había unos chicles de fresa con forma de supositorio gigante que se humedecían con un poco de saliva y servían para pintarte los labios. Bueno, los labios, los dedos, la camiseta y medio cuerpo.

Cuando ya te habías «maquillado», te lo metías en la boca y masticabas el chicle, que dentro tenía unos polvitos picapica. La verdad es que estaban buenísimos. En mi mente aún tengo grabada la imagen de varias niñas pintándose los labios de rojo nada más salir el domingo de misa. El decoro ante todo.

CARAMELOS PEZ

Nos encantaban de peques porque podíamos elegir entre un montón de personajes. Metías tus pastillitas en el dispensador, lo cerrabas y 30 segundos después ya te habías comido todas. El ansia viva.

LACASITOS

Los Lacasitos fueron creados por la empresa española Lacasa (de ahí su nombre) y siempre han estado con nosotros. En los 90 triunfaron con sus anuncios molones. ¿Recordáis el *Pim-pam, toma Lacasitos*? No el de *Callejeros*, sino de la canción del anuncio que usaba como base el hit del mítico grupo Cartoons. Aunque, bueno, en realidad el chaval de *Callejeros* también lo sacó de ese anuncio. Todo muy milenial. Por aquel entonces ya existían los tradicionales tubitos amarillos con Lacasitos, pero recuerdo que en la tienda a la que iba se vendían sueltos y ¡valían a peseta! Me acuerdo perfectamente de ir con 20 duros y ver cómo la mujercilla cogía un puñado de la caja y los iba soltando uno a uno sobre el mostrador para contarlos hasta llegar a cien. Maravilloso.

VIVE, VIVE el verano

LA FIESTA DEL HELADO

1993

Imagina por un instante que vuelves al verano de tus 7 años. Hace un día bastante caluroso y llevas un buen rato jugando con tus amigos, así que crees que ha llegado el momento de ir a por ese helado que llevas esperando ya unas cuantas horas. Con lo que te queda de la paga te diriges hacia el quiosco. Al llegar, te llevas la mano a la barbilla con gesto pensativo y escudriñas bien el cartel para ver cuál es el que más te apetece, obviamente esta no es una decisión que vayas a tomar a la ligera. Una vez que lo eliges, lo señalas con el dedo y automáticamente la tendera desliza la tapa del congelador hacia un lado y se pone a rebuscar (*sonido de envoltorios*) y a rebuscar (*más sonido de envoltorios*). La cosa está tardando más de lo que tú sabes que es lo normal y empiezas a preocuparte. «¿A que no lo hay?», te preguntas con tristeza. Pero, de repente, el sonido de los envoltorios cesa y la tendera saca el helado que quieres. Ha habido suerte. La mujer te lo acerca con gesto amable, para que lo cojas directamente de su mano, y una pequeña sonrisa se esboza en tu cara. Ese fugaz instante era la felicidad.

Los veranos de nuestra infancia eran sinónimo de helados. Y, la verdad, los tuvi-

mos de todos los sabores y formas posibles. Las marcas de helados más famosas en los 90 fueron tres: Frigo, Camy y Miko. También existían otras como Menorquina, Avidesa o Royne, pero no llegaron al nivel de popularidad de las anteriores. En 1995, Nestlé, que era la dueña de Camy, se hizo también con Miko y Avidesa, y, a partir de 2004, todos sus helados empezaron a comercializarse bajo la marca única de Helados Nestlé.

Como en otros ámbitos de la vida, aquí también existían bandos. Los había que eran más de Frigo, los que eran más de Miko… Todos teníamos nuestras marcas preferidas y nuestros helados favoritos. De hecho, seguro que os pasaba que, si ibais a algún sitio y no había los helados de la marca que os gustaban, os fastidiaba. Así éramos.

Algunos helados de nuestra infancia han perdurado hasta nuestros días, aunque muchos se han reformulado y es cierto que ya no saben exactamente igual. Muchos otros, tristemente, pasaron a mejor vida. Vamos a hacer un repaso por algunos de esos helados icónicos que nos acompañaron cada verano, pero despacito, no se nos vaya a congelar el cerebro.

DRÁCULA

Un polo de hielo de dos sabores, fresa por dentro y cola por fuera, rematado con una parte inferior de sirope de vainilla. Mmm… Según su creador, la cobertura negra hacía referencia a la capa de Drácula, el rojo a la sangre y el blanco amarillento de la vainilla a los dientes.

FRIGODEDO Y FRIGOPIE

A los de Frigo les pareció guay llevar el canibalismo al mundo del helado y crearon el Frigodedo, un polo de hielo que simulaba una mano cerrada con un dedo levantado. Lamentablemente, eligieron el dedo índice en lugar del corazón, que hubiera sido infinitamente más divertido. Después lanzaron el Frigopie, mucho más cremoso y con forma de pinrel, que acabó superando a su predecesor y ha acabado convirtiéndose en uno de los helados más icónicos de la historia. Y menos mal que pararon ahí y no siguieron con otras partes del cuerpo, porque ver a los niños comiéndose un Frigopene habría quedado regu.

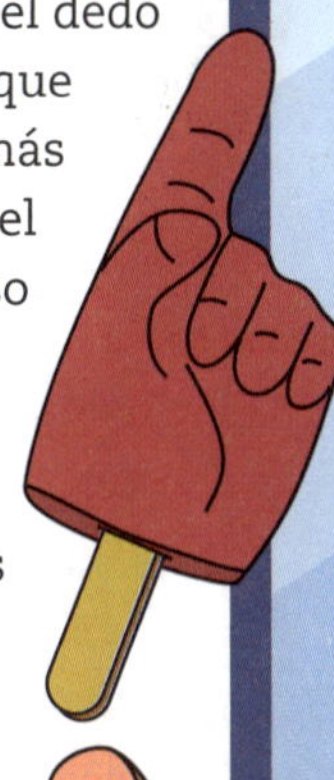

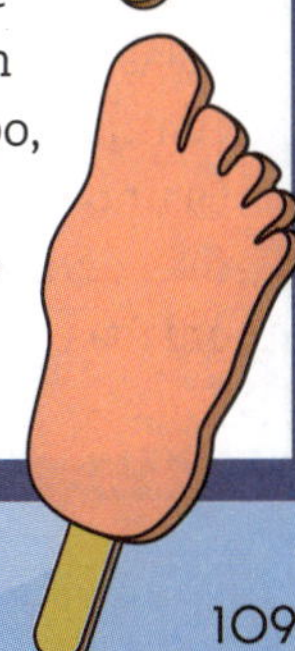

KANIBAL

Si con los anteriores se fomentaba discretamente el canibalismo, con este Camy ya iba a *full*. Un helado que tenías que coger con las dos manos para rechupetear el hueso central como si fueras un rottweiler. Las típicas cosas rarunas que nos flipaban de peques.

CALIPPO

En Frigo veían que los refrescos en lata les estaban comiendo terreno, porque, claro, si te bebes un refresco, ya no te apetece tanto un helado. Así que, para hacerles frente, se les ocurrió quitar el palo al polo y meterlo en un envase «similar» a una lata. Resultado: éxito de ventas y creación de uno de los helados más famosos. El elixir de la eterna juventud tiene que ser algo parecido al liquidito que se quedaba en el fondo y que te bebías después de comerte el helado.

KRIKO

Un helado cremoso de fresa recubierto de bolitas de colores. Había una regla no escrita que decía que primero tenías que comerte las bolas y después chupar bien la parte central. Sí, sigo hablando del helado. Es uno de los helados que causaba más división, o lo amabas o lo odiabas.

PUNKY

Era el típico helado que había de postre en los restaurantes. Básicamente era vainilla dentro de un tarro con forma de pingüino punkarra con cara de malote. Bueno, en realidad hubo tarros con mil formas, pero el pingüinito se convirtió en el más mítico.

POLOS DE HIELO

Cada marca tenía sus propios polos de hielo básicos de varios sabores. Frigo tenía los Popeye, Miko los Patapalo, Camy los Kimy, etc. Eran los más baratillos, así que se convertían en los ideales cuando tenías poco presupuesto. Realmente, en cuanto a sabor, daba un poco igual, ya que todos sabían bastante parecidos, pero es que los Patapalos traían mikopremios, y no había nada mejor que los mikopremios.

PIRULO

El Pirulo llegó en 1994. No dejaba de ser un polo de hielo más con dos versiones, limón-fresa y lima-limón, pero de un tamaño mucho más grande que el resto de los helados que se vendían en aquel momento, y con una forma alargada y en espiral que lo hacía ideal para chupar. Un éxito de ventas. Después

vino el Pirulo tropical, que mezclaba nuevos sabores como el mango, la piña y la fruta de la pasión, y que fue aún más exitoso. Además, llegó acompañado por una campaña de publicidad que incluía besos de tornillo entre niños, algo que en su día veíamos totalmente normal, pero que ahora lo ves con los ojos de hoy en día y dices «OMG». Pero si algo le debemos al Pirulo es la maravillosa frase: «Pa' chulo, chulo, mi Pirulo», ideal para cerrar una discusión con elegancia.

MINIMILK

El heladito de los más peques. Su publicidad se centraba en que era un helado hecho de leche, y, claro, nuestros padres se lo tragaron. Debían de pensar que el Minimilk estaba en la base de la pirámide alimenticia junto con el pan y las patatas. Tú con 7 años lo que querías era meterte un Pirulo tropical de hielo de 700 metros entre pecho y espalda, pero tus padres te decían: «No, mejor un Minimilk». Y a ver, que estaban ricos, pero eran enanos. El día que tus progenitores por fin te dejaban comprarte otro, es que eras oficialmente MAYOR.

SUPER HAPPY

«Super Happy es un helado, el más grande que he probado…», decía el spot. Y así era, un enorme cipote de hielo de varios colores y sabores. En el anuncio salía un chavalín con un Super Happy en la mano que crecía y crecía hasta llegar al espacio. Si eso no era una clara referencia a una erección, que baje Dios y lo vea. Helado con forma fálica = Publicidad con connotaciones sexuales. Y esto era así.

MAXIBÓN

El helado que dividió al mundo entre los que empezaban a comer por el lado de la galleta y los que empezaban a comer por el lado del chocolate. Qué queréis que os diga, nunca trajo instrucciones, pero yo siempre vi lógico empezar agarrando por la galleta, más durita, y no por el chocolate, que era más frágil y se derretía en los dedos. Pero, oye, libertad. Uno de los mejores helados de la historia.

BOOMY

Frigo lo dio todo con el Boomy, una especie de brocheta con tres frutitas de hielo: una fresa, un limón y una naranja. Lo apoyó con una fuerte campaña comercial para la cual creó una mascota azul y regaló pegatinas, llaveros y peluches. Seguro que muchos aún recordáis las papeleras azules de los quioscos con la forma del monigote sonriente. Tenía la boca como un buzón y por ahí se depositaba la basura. A pesar de todos los esfuerzos, el helado fracasó. Yo siempre pensé que era porque, si las frutas se derretían un poquito y las mordías, se resbalaban y se caían. Yo me manché la camiseta más de una vez. Pero parece ser que fue por algo más técnico. Según uno de sus responsables, hacer una reproducción tan exacta y en miniatura de las tres frutas requería unas máquinas demasiado lentas para una producción masiva, así que al final Frigo mandó todo lo relacionado con Boomylandia (el país de Boomy) a tomar por saco, y a otra cosa mariposa.

CORNETTO SOFT

En 2002, Frigo decidió innovar y trajo unos helados que venían en cartucho de plástico y te los servían al momento gracias a un sofisticado mecanismo de ingeniería: una palanca. Era hipnótico ver cómo el helado caía sobre el cucurucho al más puro «2 girls 1 cup» (esta referencia espero que la cojáis como buenos milenials. Si no sabéis de lo que hablo, NO LO BUSQUÉIS). Los hubo de un montón de sabores, como fresa, vainilla, stracciatella, avellana... y, al estar «recién hechos», eran supercremosos. Además, si ese día tenías suerte, el tendero te ofrecía también el cartucho para relamerlo. Las cositas por las que merecía la pena vivir.

COLAJET

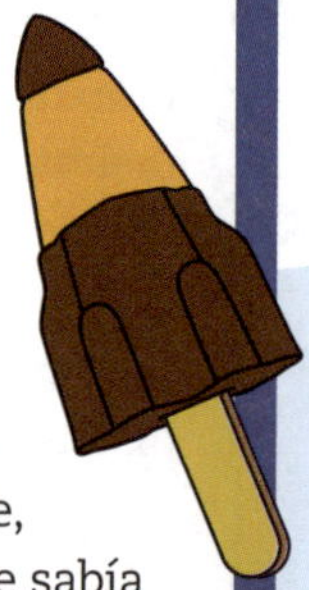

Un helado de hielo con forma de cohete que mezclaba cola y limón con una punta de cobertura de chocolate. Sobre el papel, la mezcla entre el limón ácido y el chocolate suena horrible, pero en la boca ese contraste sabía a manjar de los dioses.

FLASH

Bueno, flash, flax, flas, polo flash, polo flan, polín... y también otras variantes locales relacionadas con la succión, como «chupichupi». Realmente, a pesar de que todos los hemos comprado mil y una veces, porque eran la opción más barata para refrescarse, no hay una denominación oficial en la RAE para estos polos de hielo plastificados. Las marcas más famosas eran Burmar Flax (la del Superman), Pitufla y Kelia, estos últimos famosos por los flashes de dos sabores. Su precio oscilaba entre 10 y 25 pesetas en función del tamaño y la zona. Su lado oscuro: ese filo de plástico que cuando menos te lo esperabas... ¡ras! Te rajaba la comisura del labio.

MIKOLÁPIZ

Un helado con ascensor (así se llamaba el invento de ir empujando por abajo para ir sacando el helado) con forma de lapicero. La mina era de chocolate crujiente y la madera estaba hecha de vainilla. Una delicia. En el anuncio salían unos niños que dibujaban cosas en el aire con el helado y nosotros, como idiotas, también lo hicimos. «¡Mira, estoy dibujando un elefante». «¡Y yo una estrella!». Que sí, bonitos, que sí.

FANTASMIKOS

¿Quién no se comió unos Fantasmikos alguna vez? Todo lo que tenía que ver con fantasmas o monstruos era una elección segura cuando éramos críos. Estos minihelados con sabor a frutas venían en una bolsita, algo que llamaba la atención porque era totalmente diferente al resto de helados. Su único pero: el recubrimiento de los helados, que te encantaba o lo aborrecías.

DOCTOR STRABIK

Bueno, este es de mis favoritos. Era un helado formado por dos ojos incrustados en un palo doble. Los ojos estaban hechos de fresa, nata y chocolate, y rematados con unos iris que eran bolas de chicle. La cosa es que esos iris los ponían un poquito torcidos, como si fueran de una persona con estrabismo, y, por si fuera poco, tuvieron los santos huev*s de llamarlo Doctor Strabik. Lo mejor es que seguro que en aquel momento no le molestó a nadie, porque en los 90 ni había vergüenza ni se la conocía.

HELADO DE CORTE

Un clásico de los hogares españoles. Nata y fresa, vainilla y chocolate... Era el helado de después de comer que te preparaba algún mayor. Te cortaba el trocito de helado y le ponía las dos galletitas cuadradas a ambos lados.

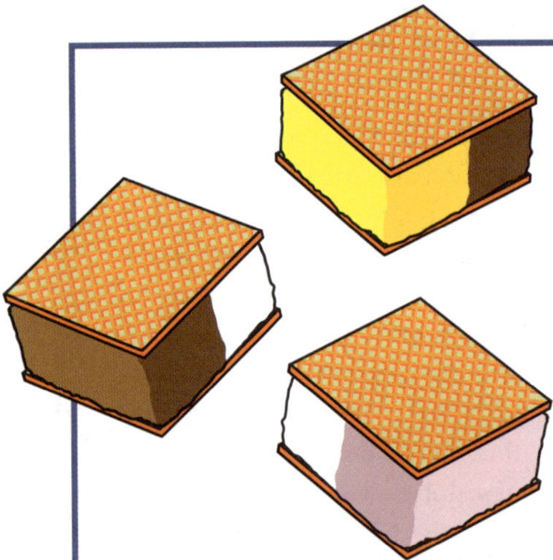

Hasta ahí, todo bien. El problema venía cuando tenías hermanos o primos y el helado que le cortaban a ellos tenía un milímetro más de grosor. Todavía hay familiares enfrentados por este hecho.

WINNER TACO

Un adelantado a su tiempo. El Winner llegó a nuestras vidas en una época en la que la comida mexicana aún no se había popularizado tanto en nuestro país, por lo que vender un helado en forma de taco era bastante arriesgado. Lo que vendría a ser la tortilla estaba hecha de galleta y el relleno era helado de vainilla con hilos de caramelo. Además, la parte del relleno que sobresalía de la galleta estaba recubierta por chocolate crujiente con cacahuetes. Una delicia. Un verano desapareció sin dejar rastro y hoy en día sigue siendo uno de los más recordados.

PETIT SUISSE HELADO

Un invento mítico de los veranos de la infancia. Clavabas una cucharita en el Petit Suisse, lo metías en el congelador y a las horas tenías un rico helado de fresa. Danone llegó incluso a regalar palitos mágicos de plástico para usarlos como palo en lugar de una cuchara.

CALIPPO SHOTS

Era un botecito lleno de pequeñas bolitas de hielo. Primero venían con sabor a Solero y después lo cambiaron a sabor Calippo de limón. Realmente no aportaba nada diferente en cuanto a sabor, pero ese envase y la forma de comértelo son la típica chorrada que nos gustaba cuando éramos peques.

CHOCO CLACK

Un bombón de chocolate y vainilla con una deliciosa lengua de chocolate crujiente escondida en su interior. Todos estamos de acuerdo en que ese chocolate de dentro del Choco Clack es el mejor del mundo, ¿verdad? ¿VERDAD? Sabes lo que es una verdadera desgracia, si no te dejaste ese chocolate para el final y se te acabó cayendo al suelo. Uff, se me saltan las lágrimas solo de pensarlo. Mi mayor sueño: que algún día exista una tableta hecha de ese chocolate.

Frigo
Solero
Cuore
Negrito
MAGNUM
NUEVO
Calippo
Krrunshed Lemon
Feast
Cool Bits Choc
Twister
Cola Cao
Yolka
Ramon el Faraón
Boomy
Frigo Pie
mini milk
Popeye

1996

Cornetto royal
Frigo
Cornetto
Solero
MAGNUM
Feast
Winner Taco
Carte d'Or
Calippo
Calippo Shots
kick off
Super Twister
Twister
Cool Bits
Frigo Pie
Mini Stick
MAX
NUEVO

1999

OTRO PERRITO

El bullicio de la gente, las bombillas de colores, la música de las atracciones, la sirena del comienzo de los coches de choque, la señora del puesto gritando: «¡Caramelos, garrapiñadas, algodón de azúcar!», el señor de la tómbola diciendo por el micro: «Qué alegría, qué alboroto, ¡otro perrito piloto!»... ¿Puedes sentirlo? Sí, ¡es LA FERIA!

¿Recuerdas cuando eras peque y te decían que te iban a llevar a la feria? Los ojos se te abrían como platos y la ilusión recorría todo tu cuerpo. Era lo más parecido a ir a Disneyland París sin salir de Medina de Rioseco. Normalmente te llevaban tus padres, o tus tíos o abuelos, y vale, pasar tiempo con ellos era bonito y tal, pero no nos engañemos, esos días nuestro principal objetivo era desplumarlos. Sacarles hasta la última peseta para satisfacer nuestros caprichitos infantiles.

Y es que cuando éramos niños e íbamos a la feria lo queríamos todo, absolutamente todo. Cada tres pasos se nos antojaba una cosa: que si unas bombetas para ir tirándolas a los pies, que si un perrito robot de esos que andaban y ladraban, un pompero, una muñeca, un dinosaurio de juguete, un ondamanía... *lista infinita*.

Una cosa muy milenial fue el láser, ¿os acordáis? Llegó a mediados de los 90 y prácticamente todos tuvimos uno. Traían diferentes cabezales

intercambiables: una flor, un sol, una mano mandándote a tomar por cul*... Pero realmente lo que más molaba era el puntero normal. ¿Esa sensación de apuntar y que la luz llegara a no sé cuántos metros de altura? Te sentías en 2047. Recuerdo a nuestras pobres madres diciéndonos: «No os apuntéis a los ojos, ¡que os vais a quedar ciegos!». Y tú decías: «Vale, mamá», para acto seguido dar la vuelta a la esquina y freírle las pupilas a Víctor. Éramos pura maldad. Entre eso y las pistolas de bolitas de aire comprimido, no sé cómo todos llegamos a 3.º de ESO con los dos ojos.

Pero en nuestra ansia por desear todo, no solo queríamos juguetes. También queríamos subir a las atracciones: al tren de la bruja, a las camas elásticas o la típica atracción de los toritos con la canción de Zapato Veloz. «En una tribu comanche, hau, hau, hau...». ¿Qué fue antes, la atracción o la canción?

Y también queríamos complementos de verano: un colgante de esos de cuerda negra con tu nombre o con tu personaje favorito, una pulsera de hilo con tu nombre, tatus temporales, pins para la ropa...

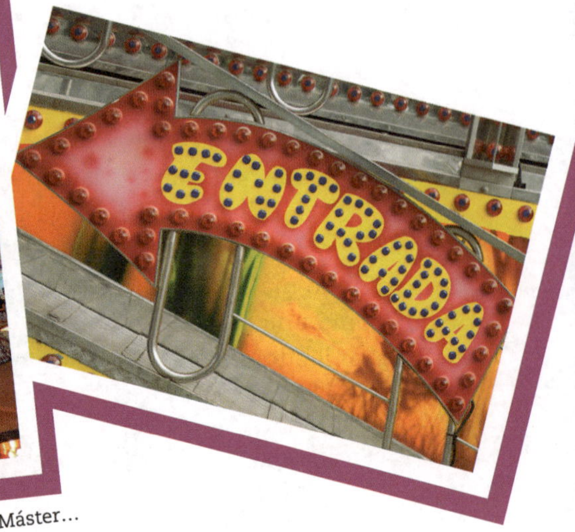

Saltamontes también conocido como Canguro, Rana, Máster…

En resumen, que nos fundíamos el sueldo de nuestros padres en la feria. No sé si en su momento lo agradecimos lo suficiente, puede que incluso fuéramos unos plastas, pero aprovecho desde aquí, en nombre de todos, para decir «gracias papá y mamá». :-)

Poco a poco crecimos y dejamos de ir con nuestros padres y familiares, para empezar a ir a la feria con nuestra pandilla.

Y eso amiguis, era otra cosita. Esa sensación de sentirnos mayores y «libres», sin la vigilancia de adultos, era maravillosa.

Esos días nos duchábamos y nos arreglábamos con la música a todo trapo y no había lugar para la pereza. Éramos pura energía. Nos poníamos la ropa con la que mejor nos veíamos, porque esas noches daban mucho de sí y nunca sabías que podría pasar… guiño, guiño.

Llegabas a la feria con tus amigos y te ibas derecho a las atracciones fuertes como el Saltamontes o la Olla. Subirte por primera vez con tus amigos al Saltamontes era el momento concreto que marcaba el final de la niñez y daba paso a la adolescencia. Era como un rito de iniciación.

El lugar de reunión para todas las pandillas siempre era el mismo: los coches de choque. Allí se reunía la flor y nata de la sociedad adolescente de la época. Surgían las amistades entre grupos, también las rivalidades, y cómo no, el salseito. Que si a Javi le gusta la Jessi, que si a la Jessi le gusta Dani, que si Dani se ha montado en el coche con Arantxa… ¿Estarán juntos? Esto va a acabar mal. A esa edad montar en una atracción al lado de la persona que te gustaba era lo máximo. Con la velocidad y las luces veías tu vida como una película y te imaginabas casándote con él/ella y teniendo una casa con jardín, trabajo e hijos. Me meo. ¿Y qué me decís de las tácticas de ligoteo? Con los chicos consiguiendo a las chicas llaveros en las escopetas o peluches de Piolín en las máquinas de los ganchos. Rituales de cortejo dignos de *National Geographic*.

Con las ferias también llegaban nuestras primeras borracheras, los primeros amaneceres de fiesta y esas patatas fritas de las 6 de la mañana que tantas veces nos han salvado la vida. Las ferias son, indudablemente, uno de los recuerdos más bonitos de aquellos años.

Seguro que cada uno de vosotros tiene un montón de historias que contar, llenas de risas y cariño. Y es que, si la vida tuviera que ser una sola noche, debería ser una de esas noches de verano con tus amigos en la feria.

¡YO QUIERO BAILAR! (TODA LA NOCHE)

¿Te acuerdas de aquellas noches de verano dándolo todo en la pista de baile? Muchos de los temazos de los 90 y los 2000 contaban con su propia coreografía. Todos nos las sabíamos al dedillo y, cuando llegaba el estribillo, nos poníamos a bailar todos a la vez como en una especie de delirio colectivo. Era mágico. Hagamos repaso de algunos de los bailes más icónicos de aquellos años.

Nivel de dificultad

LAS KETCHUP «ASEREJÉ»

★★★☆☆

1 Pones las manos al frente con las palmas hacia abajo y haces como si te las estuvieras enjabonando.

2 Elevas ambos brazos y señalas con los pulgares hacia atrás, como diciendo: «El ladrón se ha ido por ahí».

3 Pones una mano por detrás de la cabeza y la otra en la frente. Flexionas las piernas y las agitas como diciendo: «Tengo fiebre y me tiembla todo el cuerpo».

SBS «FOLLOW THE LEADER»

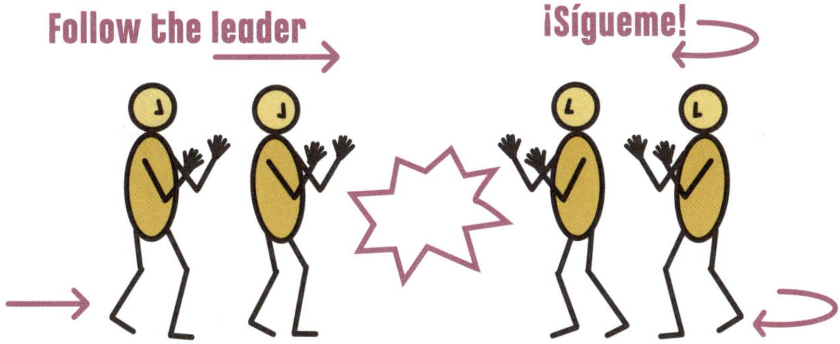

Con el «Follow the leader» del estribillo giras hacia tu derecha y avanzas siguiendo a la gente en una especie de conga desordenada. Cuando suena el «¡Sígueme!» te giras 180 grados y avanzas hacia el lado contrario empujándote un poco con la gente que aún no se ha girado en plan: «Guau, ¡qué loco todo!» jajaja.

SEX BOMB «VEN, VEN, VEN»

1 En «Te dice ven, ven, ven», haces como que tiras hacia ti de una maroma imaginaria.

2 Apoyas el codo derecho sobre tu mano izquierda y conviertes tu mano en una pistola. Pegas tres tiros imaginarios: derecha, centro e izquierda.

3 Te giras de lado y con el puño te das tres golpecitos en la cadera. Como si se te hubiera encajado y te la quisieras desencajar.

4 Te das palmadas sobre el corazón como si este se quisiera escapar pero tú no le dejaras.

CHOCOLATE «MAYONESA»

1 Pones un puño hacia delante.

2 Colocas el otro puño encima.

3 Y a batir como si fueras una bruja removiendo una poción en el caldero.

MELODY «EL BAILE DEL GORILA»

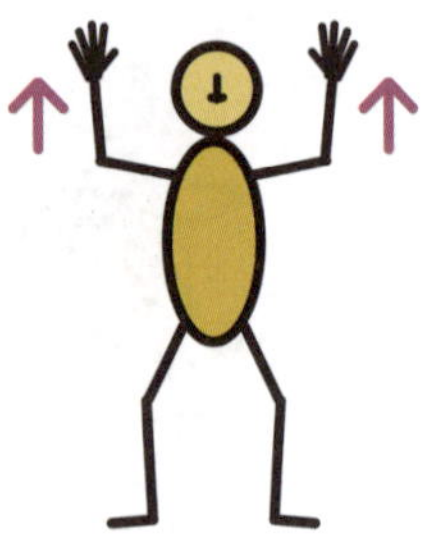

1 Las manos hacia arriba.

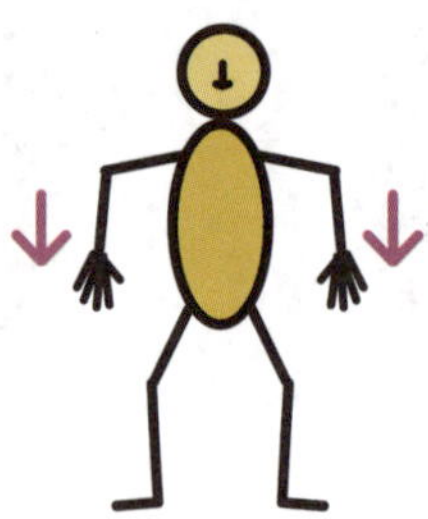

2 Las manos hacia abajo.

3 Y haces el gorila mientras gritas «uh-uh-uh» con cara de simio enfadado. Todo muy a lo bruto y sin vergüenza ninguna, aquí no hemos venido a ligar.

KING ÁFRICA «LA BOMBA»

1 Pones una mano en la nuca y haces un movimiento sexy de cadera con cara de «me gusto».

2 Y ahora la otra mano en la cintura y otro movimiento sexy. Te estás gustando demasiado.

3 Te agachas suavecito hasta casi el suelo y luego subes suavecito hacia arriba (si puedes).

DAVID CIVERA «QUE LA DETENGAN»

1 Levantas la mano con la palma hacia delante, con gesto de «Stop, no puedes pasar».

2 Cierras el puño con el dedo índice estirado y lo mueves arriba y abajo, como cuando tu madre te amenazaba con algo.

3 Giras las manos a ambos lados de la cabeza, como si te estuvieras lavando el pelo, pero sin champú.

4 Colocas ambas manos detrás la nuca y das golpes de cadera hacia derecha e izquierda. «Yo no lo puedo controlar», ¿se refería a su cosita? :/

Hola, soy Edu, Feliz Navidad

ME LO PIDO DE NUEVO

A TODOS NOS PASÓ ESO DE PONER EN NUESTRA CARTA A LOS REYES EL JUGUETE QUE MÁS DESEÁBAMOS Y CUANDO LLEGABA EL DÍA DE ABRIR LOS REGALOS ALLÍ NO HABÍA NI RASTRO DE ÉL.

Que tú pensabas: «Igual la carta no les ha llegado». Y tus padres te decían: «O igual los Reyes se lo han regalado a un niño o niña que lo necesita más». Mentira cochina. La realidad era que a tus padres no les apetecía gastarse 8.000 pesetas en ti. Que te querían, pero no tanto. Pero, bueno, nosotros, en nuestra inocencia, volvíamos a insistir con ilusión al año siguiente: «Este año sí que sí, me lo pido de nuevo».

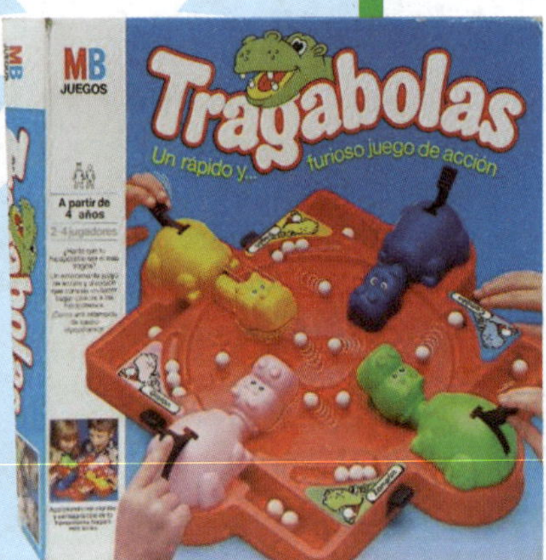

TRAGABOLAS

Un tablero, cuatro hipopótamos de colores con una palanca que les salía del hojaldre y un montón de bolitas blancas. ¿El objetivo? Darle a fuego a la palanquita para que tu hipopótamo se comiese más bolas que ninguno y ganaras la partida. Ni la mejor mecanógrafa del mundo podía dar tantas pulsaciones por minuto como un niño picado al Tragabolas.

SCALEXTRIC

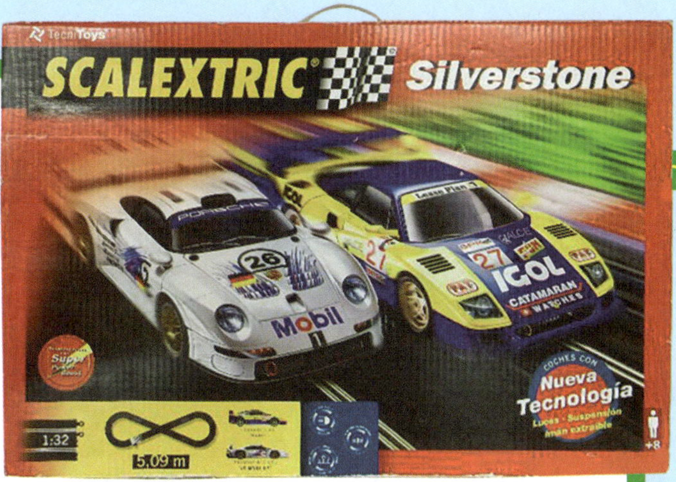

Los Scalextric fueron uno de los juguetes más vendidos de los 90. Ofrecían la posibilidad de competir en los mejores circuitos de mundo, como Monza o Silverstone, o en circuitos con *loopings* en los que el coche se ponía bocabajo y que eran la caña. También incluían los coches más top del momento, como el Subaru Impreza o el Toyota Celica... «Han pasado 84 años», que diría la Rose anciana en *Titanic*. Ahora seguro que te acuerdas de esos buenos ratos montando el circuito y echando las horas con la familia y los amigos, qué tierno. De lo que no te acuerdas tanto es de cuando te cabreabas como una mona porque tu coche se salía del circuito o se paraba en una curva cuando ibas ganando. Espero que hayas mejorado ese mal perder, Arturito.

BETTY SPAGUETTI

Las Betty Spaguetti hacían honor a su nombre. Eran unas muñecas ultrafinas de goma flexible cuyo cuerpo podía doblarse de todas las formas posibles. Lo más divertido era su pelo, formado como por espaguetis de goma, lo que permitía hacerles todo tipo de peinados, desde trenzas hasta coletas gigantes. Su originalidad, sus colores y el hecho de que tenían un montón de complementos intercambiables las convirtió en una de las muñecas más famosas de la época. Con los años sacaron también una versión en chico que se llamaba, atención, Johnny Macarroni. Betty Spaguetti y Johnny Macarroni... Es que ¡gracias a la vida!

BRATZ

«¿Eres clónica o juegas diferente?». Con esta demoledora frase se anunciaba la llegada de las Bratz en 2001. Era una colección de cuatro muñecas: Cloe, Sasha, Jade y Yasmín, que rompió con todos los cánones establecidos hasta el momento. Por aquel entonces, todas las muñecas seguían el modelo de Barbie y eran prácticamente copias las unas de las otras. Las Bratz introdujeron un nuevo diseño: más cabeza, más ojos, más labios... y una estética más dosmilera que resultaba moderna y diferente. Icónicas.

YANO CUENTACUENTOS

Era un cuentacuentos interactivo cuyo aspecto era una mezcla entre un topo y un señor calvo de 82 años. Nada más empezar te preguntaba: «¿Quieres un cuento alegre o triste?». Y, obviamente, ¿qué niño no querría un cuento triste para hacerse una bolita y llorar en un rincón? Un sueño. A lo largo del cuento podías ir tomando pequeñas decisiones, que en el cuento triste eran como: «Mamá pata va a morir, ¿quieres que sea atropellada o que se electrocute en una valla?».
Fuera de coña, el muñeco realmente daba auténtico pavor porque tenía una voz de maniaco homicida que parecía que se iba a aparecer en tu cama a las 3 de la madrugada con un cuchillo de carnicero.

MINIORDENADORES

En los 90 la informática doméstica empezó a despegar y los ordenadores fueron llegando poco a poco a los hogares. La industria juguetera vio ahí un filón y empezó a lanzar unos miniordenadores de juguete para niños con nombres como Genio 2000, Mega Ratón parlanchín o Pitagorín. ¿Resultado? Un exitazo. De repente, había miles de niños jugando a hacer operaciones matemáticas, adivinar palabras o buscar sinónimos y antónimos. Nuestros padres no se vieron en otra.

OPERACIÓN

Cuando éramos peques había dos formas de «jugar a los médicos». La primera creo que no hace falta explicarla. La segunda era con este juego, que consistía en «operar» a un paciente para salvarlo de la muerte. Para ello había que extraerle diferentes cosas del cuerpo (huesos, órganos, una llave inglesa...) con unas pinzas metálicas. Para ganar tenías que extraer el mayor número de elementos, pero ojo, porque si tocabas los bordes del agujerito con las pinzas, al hombrecillo se le encendía la nariz y perdías tu turno. Ni desactivar una bomba producía tanta tensión.

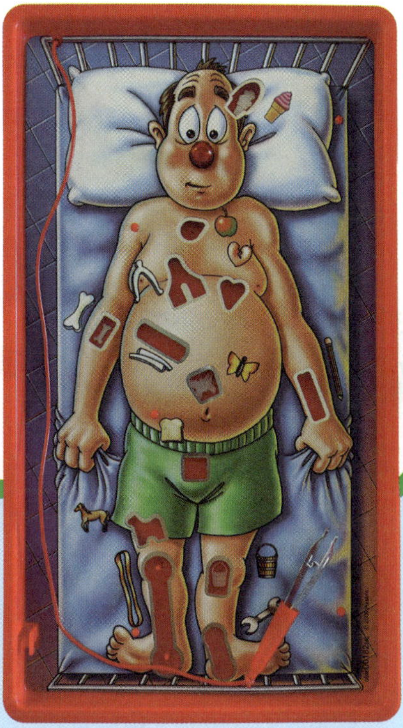

FIGURAS DE ACCIÓN

Las figuras de acción de juguete son un clásico. Cada generación ha tenido las suyas inspiradas en los personajes más famosos de ese momento. En nuestro caso tuvimos un montón de juguetes con los que disfrutar. Tuvimos superhéroes como Batman y su Batmóvil y Spiderman y sus lanzatelarañas, o aquel Flip and Trap: Trampas ocultas, en el que lanzabas a Spiderman por los aires y se quedaba enganchado en el techo o en la pared gracias a unos imanes. También tuvimos figuras de los Caballeros del Zodiaco, de Dragonball, de las Tortugas Ninja, de los Motorratones, de los Street Sharks y hasta de la WWF, con Hulk Hogan a la cabeza. Seguro que muchos recordáis aquel juguete que os encantaba y con el que no parabais de jugar, como Andy con Woody (L).

COCHES TELEDIRIGIDOS

Los coches con radiocontrol vivieron una época dorada en aquellos años. No había revista de juguetes que no tuviera varios modelos. Los había espectaculares: con ruedas gigantes, una suspensión de la leche y la capacidad de rotar sobre sí mismos; y luego estaban los que nuestros padres se podían permitir, que un poco más y los teníamos que ir empujando con el dedo. Lo más divertido era diseñar circuitos con curvas, rampas y obstáculos y después ir recorriéndolos con el coche.

PINYPON

Los Pinypon destacaban por su sencillez y por su amplia gama de colores, dos rasgos que hacían de ellos unos muñequitos adorables. Hubo un montón de juguetes como la Casa grande, la Escuela, la Boutique o la mítica Granja maletín, que era ideal para llevártela y jugar en cualquier parte. Las horas se pasaban volando cuando montabas los escenarios con sus decenas de accesorios y te ponías a jugar inventándote mil historias entre los personajes.

LA MANSIÓN DE CASPER

Uno de los juguetes más deseados de nuestra infancia. Casi todos quisimos tenerla, pero solo unos pocos afortunados lo consiguieron, porque se agotaba rápidamente cada Navidad. Era una mansión con estética siniestra y estaba llena de pasadizos y rincones secretos. Además, una de las torres era linterna. ¡Cuidado, murciélagos!

EL PRIMERO DE LA CLASE

Este era el juego de mesa que te regalaban tus padres con la esperanza de que aprendieras algo, aunque fuera de refilón. El tablero se dividía en aulas, cada una dedicada a una materia, y las casillas eran pupitres. Para ir avanzando y ganar, tenías que responder correctamente a preguntas como ¿qué general cartaginés cruzó los Alpes? o ¿cómo son dos triángulos de ángulos iguales y lados proporcionales? Cuenta la leyenda que hay casas en las que este juego aún sigue precintado.

JUGUETES DE PLAY-DOH

Play-Doh lanzó varios juguetes para hacer manualidades con su plastilina, como «El gran restaurante», que permitía crear platos como pizzas o hamburguesas; o la «Fábrica loca», con la que podías fabricar diferentes «piezas» de plastilina para crear tus propias figuras. Sin duda el más icónico fue «Mis peinados preferidos», que traía una muñeca rubia, con cara de psicópata, a la que le salía el pelo de la cabeza en forma de churrillos de plastilina. Después podías hacerle trenzas, coletas, un tocado de boda o un alisado japonés, en función de tu maña y de tus aspiraciones dentro del mundo de la peluquería y la estética. Seguro que la mayoría recordáis la cancioncilla del anuncio y la imagen de los pelos de plastilina saliendo de la cabeza cual serpientes de Medusa, porque son de esas cosas que todos los milenials tenemos grabadas a fuego en el cerebro.

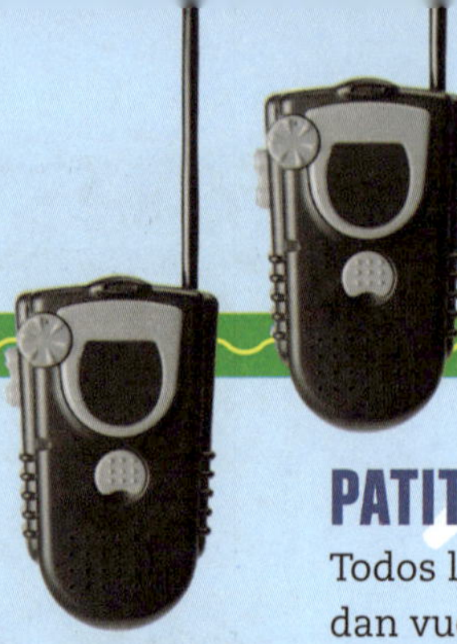

WALKIE TALKIES

Las pelis infantiles de los noventa estaban llenas de niños que usaban walkie talkies para comunicarse, así que todos quisimos unos. Tú pensabas que ibas a poder comunicarte con tu mejor amigo Angelito, que vivía en la otra punta del barrio, y luego te dabas cuenta de que el alcance no llegaba ni de la cocina al salón. Aun así, molaba jugar con ellos y comunicarte como si fueras un superagente secreto dispuesto a salvar el mundo en cualquier momento. «Te tengo que dejar, mi madre me ha preparado un bocadillo de chóped. Corto y cambio». Bueno, siempre que se podía.

PATITOS CUA CUA

Todos los patitos no paran de nadar, dan vueltas y vueltas... en un circuito cerrado montando un escándalo terrible, que eso parecía más una fábrica de muebles que un juguete. Los patos tenían diferentes colores en su base y para ganar tenías que coger tres al azar y que los tres fueran de tu color. Lees esto y dices: meh, pero cuando te lo vendían en el anuncio con una de las mejores canciones de la historia, LO QUERÍAS.

HORNO MOLDEADOR CREEPY CRAWLERS

Era un horno moldeador para fabricar tus propios muñecos. Te venía una especie de plástico líquido con el que llenabas los «creepy-moldes» de metal y los metías en el «creepy-horno». El horno se ponía a mil grados y el plástico líquido se transformaba en figuras de goma con forma de bichos o monstruitos. Algunas incluso brillaban en la oscuridad. Una creepy-fantasía.

HELADERA FAMOPLAY

Puede que la idea de intentar vender un juguete para fabricar helados en plena Navidad fuera una locura, pero a veces las ideas más locas son las que acaban triunfando. Y así fue. Todos fantaseamos con fabricar nuestros propios helados de forma ilimitada y no tener que gastarnos nuestra paga en el quiosco. Un plan sin fisuras. Lo que pasa es que tú imaginabas que de ahí iba a salir un Frigopie y lo que salía era una masa congelada de color caca que no había dios que se la comiera. Nuestro plan a la porra.

CLUEDO

¿Le asesinó en el comedor con un puñal? ¿O fue en el billar con una soga o una llave inglesa? El clásico juego de adivinar quién es el asesino, ideal para pasar una tarde de lluvia con los amigos. ¿Sabíais que el nombre de Cluedo viene de la palabra «clue» que significa pista en inglés? Aprendí inglés con Muzzy.

COCINITAS

E incluyo aquí todo lo relacionado con cocinar, planchar, poner lavadoras, fregar, cobrar con la caja registradora, etc. En los 90 eran nuestras queridas mamis las que se encargaban fundamentalmente de las tareas domésticas, así que no es de extrañar que, siempre que jugábamos a esto, tendiéramos a imitarlas. Era empezar a jugar y te metías en el papel de tu madre, la Mari, con sus mismos gestos y sus mismas frases: «Desde las seis que llevo levantada», «Es la primera vez que me siento en todo el día», «O te comes la verdura o no hay helado de postre». Unas actuaciones dignas de Oscar y unas películas que nos montábamos que ni Almodóvar en su mayor momento de inspiración.

Jingle All The Way

Jingle bells, jingle bells,
Jingle all the way.
Oh! what fun it is to ride
In a one-horse open sleigh.

¿Cuántas veces cantasteis el «*Jingle Bells*» en el cole? Seguro que alrededor de 8 trillones. Y seguro también que casi siempre lo hacíais mientras aporreabais una pandereta de plástico de los 20 duros. Nos encantaba reventar esas panderetas a golpes haciendo todo el ruido posible.

Todos conocemos, más o menos, el significado de la palabra *bells*: campanas, campanillas, cascabeles... Lo que no sé es si en algún capítulo de Magic English se explicó el significado de la palabra *jingle*. Según el diccionario Oxford Pocket que usaba en el cole, un *jingle* es el sonido que hacen pequeños objetos de metal cuando chocan entre sí. En este caso, la traducción de «*jingle bells, jingle bells, jingle all the way*» vendría a ser algo como «suenan las campanas, suenan las campanas, suenan todo el camino», es decir, unas campanas cuyo sonido no cesa nunca.

Pero ¿de qué va este capítulo?, ¿de villancicos? Pues sí y no. Me explico.

En el mundo de la publicidad también se utiliza la palabra *jingle*. No para sonidos metálicos de campanas, pero sí para algo que nunca deja de sonar. Los *jingles* son esas cancioncitas machaconas de los anuncios que son creadas específicamente para taladrar tu cerebro y que no pares nunca de cantarlas. La idea es que, si recuerdas la canción, recuerdas el producto, y de esta forma las probabilidades de que lo compres aumentan. Está todo estratégicamente calculado.

* Datito gratis: *Jingle all the way* también es el título original de *Un padre en apuros*.

Así pues, en nuestra infancia debimos de tener los mejores creadores de *jingles* de la historia, porque a los milenials no es que nos taladraran el cerebro, es que nos lo dejaron como un queso gruyer. Los anuncios con cancioncitas pueden lanzarse en cualquier época del año, pero la Navidad siempre fue la fecha estrella. Durante esas semanas, se sucedían una y otra vez decenas de anuncios con canciones superpegadizas. Algunos, incluso, lo hicieron durante varios años, de modo que se acabaron convirtiendo en nuestros propios **villancicos no populares**.

Lo bonito es que, como en aquella época existían poquitos canales y todos veíamos lo mismo, todos crecimos con las mismas canciones.

Ahora ha llegado el momento de ponerte a prueba. A continuación, tienes un test con algunos de los mayores *hits* de nuestra infancia, ¿serás capaz de acertarlas todas?

Jingle Test

AVISO Realízalo solo bajo tu responsabilidad. Evita leerlo en época de oposiciones o si tienes que memorizar el discurso para la boda de tu prima Jenny. Nostalgia milenial no se hace responsable si después te pasas días con alguna de estas canciones en la cabeza y no puedes pensar en otra cosa. **¡Suerte!**

01 Las muñecas de Famosa se dirigen...

a) a votar.
b) a almorzar.
c) al portal.
d) a por pan.

02 ¿Cómo comenzaba la canción de la Granja de Playmobil? Kikirikí, muy buenos días _______ vais a tener...

a) cua, cua, cua.
b) mu, mu, mu.
c) guau, guau, guau.
d) miau, miau, miau.

03 ¿Quién te daba las gracias por ser así?

a) Nestlé.
b) Merci.
c) Ferrero Rocher.
d) Suchard.

04 Hola, amigos, Famosa te ha preparado...

a) el robot más esperado.

b) el juguete más deseado.
c) el tocador más equipado.
d) el proyector más enrollado.

05 Busca tus colores con Patitos cuacuá, si no coges el tuyo...
a) todos morirán.
b) nunca ganarás.
c) vuelves a empezar.
d) *no se me ocurren más tontunas que rimen*.

06 ¡Cuidaditos a Nenuco! Uno y dos, niño y niña, ¡dos a la vez!
a) ¡Son gemelos!
b) ¡Son mellizos!
c) ¡Son hermanos!
d) ¡Son primitos!

07 Todos hacia el fuerte a pelear, ¡en ________ hay que luchar!
a) Fort Boyard.
b) Fort Aventura.
c) Fort Glory.
d) Glory Hole.

08 Con Mis peinados preferidos tienes que poner play-doh en la muñeca y...
a) su brazo retorcer.
b) su pelo ver crecer.
c) un peine escoger.
d) darle a «encender».

09 ¿Cómo se llamaba la muñeca a la que le cantaban «anda y gatea, anda y gatea»?
a) Melibea.
b) Nerea.
c) Bea.
d) Puri.

10 ¿Quién ha sido? ¿Quién ha sido? Cocolín, que...
a) ha sonreído.
b) se ha dormido.
c) te ha mordido.
d) se ha pedido.

11 ¿Cómo empezaba el anuncio de El Almendro? Vuelve, a casa vuelve...
a) vuelve a tu hogar.
b) vuelve a abrazar.
c) vuelve a tu bar.
d) vuelve a engordar.

12 ¿Cómo seguía el anuncio de Nenuco Clip Baby? Clip, clip, manita y manita, clip, clip...
a) manita con cara.
b) manita con pie.
c) manita con culito.
d) manita en la cintura y un movimiento sexy.

13 No sufras más, te voy a ______, ¡Cocodrilo sacamuelas! ¡Cocodrilo sacamuelas!
a) ayudar.
b) curar.
c) besar.
d) tumbar.

14 Sueña que te haces pequeña y entras en la casa grande de:

a) Barbie.
b) Pinypon.
c) Nancy.
d) Sindy.

15 ¡Facilísimo! Hacer helados en la heladera Famoplay. ¡Son buenísimos!

a) De fresa, chocolate y vainilla.
b) De plátano, menta y melocotón.
c) De nata, chicle y frambuesa.
d) De pistacho, straciatella y turrón.

16 Ha venido de París y se llama Mon Chéri, a mí me encanta cuando...

a) le crecen los dientes.
b) en francés me canta.
c) hace pipí en su manta.
d) las piernas levanta.

17 ¡Quiero a mi ______, solo a mi ______!

a) Action Man.
b) Spiderman.
c) Max Steel.
d) Pipi Max.

18 Queremos turrón, turrón, turrón, pero vea que sea...

a) El Lobo.
b) Delaviuda.
c) Antiu Xixona.
d) 1880.

Soluciones en la página 158
¿DE VERDAD TE HACE FALTA MIRARLO?

Resultados:

0 aciertos: Pero... ¿usted quién es?
1-6 aciertos: Dory tiene más memoria que tú. Revisa bien tu fecha de nacimiento a ver si eres milenial de verdad.
7-12 aciertos: Bueno, bien, tampoco para tirar cohetes, pero ok. Espero que sea porque tus padres no te dejaban ver mucho la tele.
13-18 aciertos: Creciste con los anuncios del Super Proyector Mickey, de Mis peinados preferidos, de la Granja de Playmobil... ¡Las mejores Navidades de la historia! Y por eso tu cerebro tiene guardados estos recuerdos como oro en paño. ¡Felicidades! P. A. +

CATÁLOGO DE JUGUETES

LÍNEA DIRECTA
MB (Toys 'R' us 1995)
8.995 54,06€

MIS PEINADOS PREFERIDOS
Play-Doh
(Toys 'R' us 1995)
3.995 24,01€

COCODRILO SACAMUELAS
MB (El Corte Inglés 2001)
6.495 39,33€

LA HERENCIA DE TÍA ÁGATA
MB (Continente 1998)
4.995 30,02€

BICICLETA MOUNTAIN BIKE
(Pryca 1995)

19.950 119,90€

PATÍN CON BOTA
(Continente 1998)

2.790 16,77€

SCALEXTRIC CIRCUITO SILVERSTONE
Tyco Toys (Continente 1998)

15.995 96,13€

MAGIA BORRÁS
(Pryca 1995)

1.980 11,90€

*Precios reales extraídos de catálogos de juguetes de la época.

FURBY

(Pryca 1999)

7.490 45,01€

QUIÉN ES QUIÉN

MB (Continente 1998)

3.695 22,21€

CLUEDO

Parker

3.695 22,21€

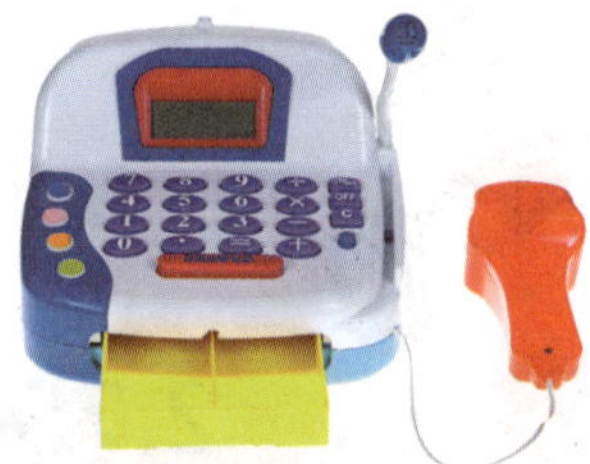

CAJA REGISTRADORA

(Continente 1998)

2.495 15,00€

ACTION MAN POLAR MISSION

(Toys 'R' us 1998)

4.995 29,92€

GENIO 2000

VTech (Toys 'R' us 1995)

22.995 / 138,20€

CREEPY CRAWLERS HORNO MOLDEADOR

Popular de Juguetes (Continente 1998)

6.995 / 42,04€

RADIO CONTROL MEGA FLASH

(Pryca 1995)

2.870 / 17,25€

FUTBOLÍN

(Continente 1999)

14.995 / 90,12€

WALKIE-TALKIES

(Pryca 1997)

2.950 / 16,53€

*Precios reales extraídos de catálogos de juguetes de la época.

Lo mejor de la TV
Nada es para siempre
Adrián: ¿quién le conquistará?
Compañeros
La admiradora secreta de Quimi
Enrique Iglesias + Devon ...
Five
POSTERS
ALEJO, FRAN Y ÁLEX
HARRY POTTER
Andy & Lucas
Te cuentan cómo HACER AMIGOS
Spice Girls
Así se han
pelicula
TESTS
¡Así eres tú!
¿Lograrás conseguirle?
Nº 163
Cada 15 días en tu
www.BRAVOporti.com
Los Bo
10 PÓSTERS + CALENDARIO
de Hanson, BackStreet Boys, Mark Owen y Edu.
48 HORAS CON SPICE Girls en España
25 PEGATINAS ESPECIAL OT2
REGALOS
POSTERS GIGANTES
Nº 170
1,75 €
Cada 15 días en tu kiosco
Canarias, Ceuta y Melilla 1,90 €

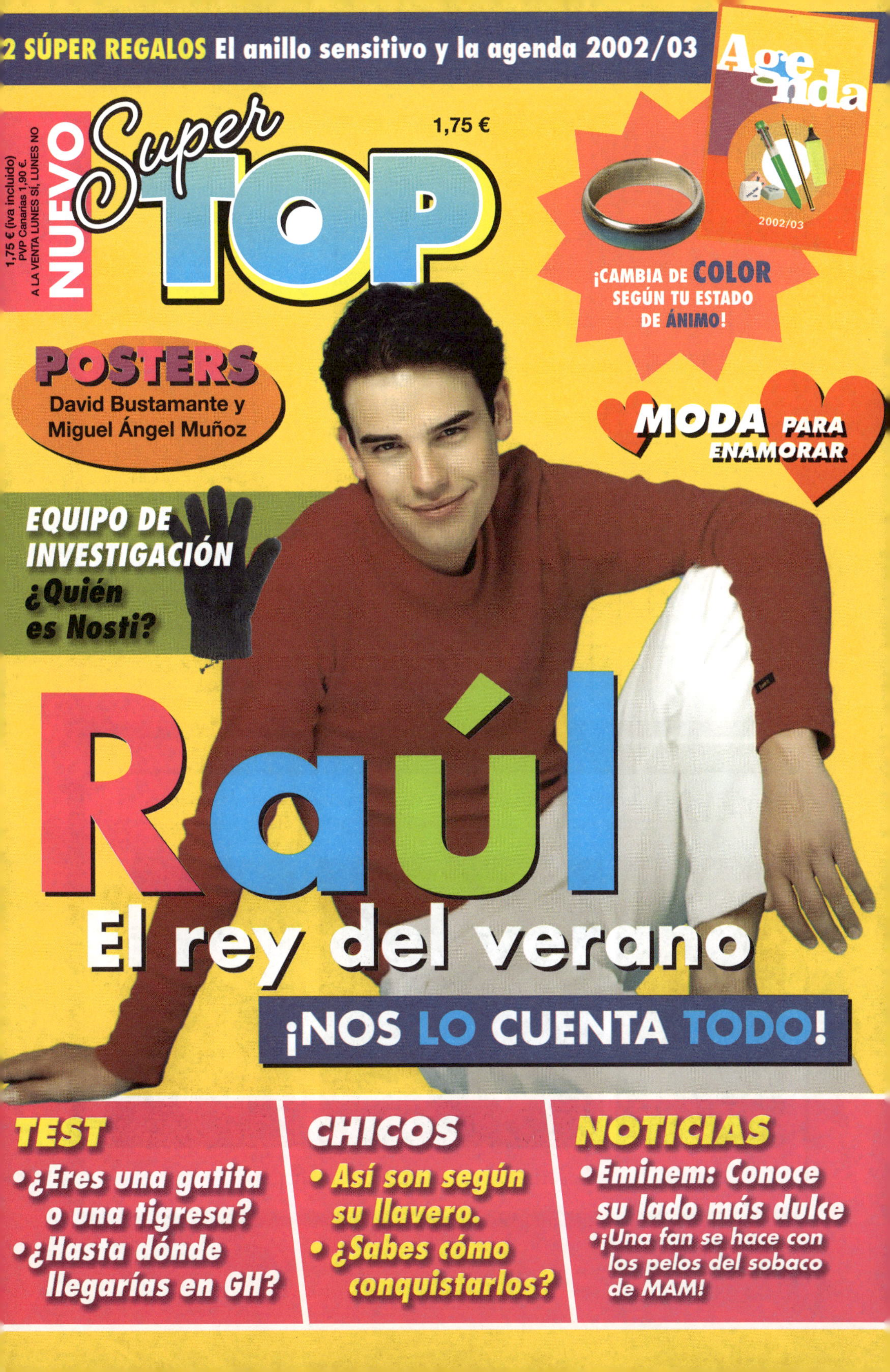

2 SÚPER REGALOS El anillo sensitivo y la agenda 2002/03
NUEVO
1,75 € (iva incluido)
PVP Canarias 1,90 €.
A LA VENTA LUNES SÍ, LUNES NO
Super TOP
1,75 €
Agenda
2002/03
¡CAMBIA DE COLOR SEGÚN TU ESTADO DE ÁNIMO!
POSTERS
David Bustamante y Miguel Ángel Muñoz
MODA PARA ENAMORAR
EQUIPO DE INVESTIGACIÓN
¿Quién es Nosti?
Raúl
El rey del verano
¡NOS LO CUENTA TODO!
TEST
• ¿Eres una gatita o una tigresa?
• ¿Hasta dónde llegarías en GH?
CHICOS
• Así son según su llavero.
• ¿Sabes cómo conquistarlos?
NOTICIAS
• Eminem: Conoce su lado más dulce
• ¡Una fan se hace con los pelos del sobaco de MAM!

PASATIEMPOS

CRUCIGRAMA

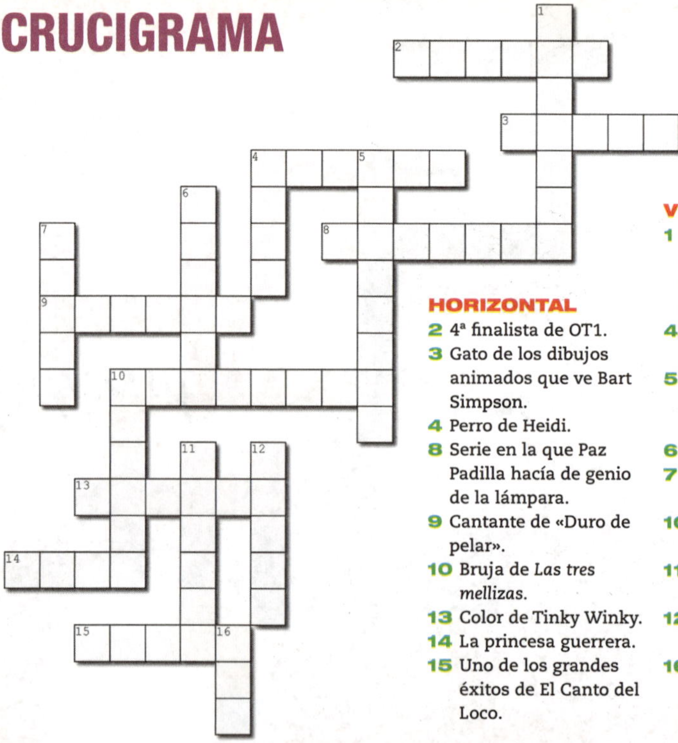

HORIZONTAL

2 4ª finalista de OT1.
3 Gato de los dibujos animados que ve Bart Simpson.
4 Perro de Heidi.
8 Serie en la que Paz Padilla hacía de genio de la lámpara.
9 Cantante de «Duro de pelar».
10 Bruja de *Las tres mellizas*.
13 Color de Tinky Winky.
14 La princesa guerrera.
15 Uno de los grandes éxitos de El Canto del Loco.

VERTICAL

1 Canción de *reggaeton* que decía que «tu mirada no me engañará más».
4 Backstreet Boy más joven.
5 Bollo alargado con chocolate en su interior.
6 Evolución de Pikachu.
7 Cantante de Papi Chulo.
10 Colegio de Quimi y Valle.
11 Apodo de Pablo Puyol en *Un paso adelante*.
12 Nombre del Power Ranger rojo original.
16 Siglas del grupo juvenil de *Los Serrano*.

PIXELA2

Detrás de estos píxeles se esconden cuatro carátulas milenial muy famosas. ¿Sabrías decir a qué pelis o discos pertenecen?

1 ______________________

2 ______________________

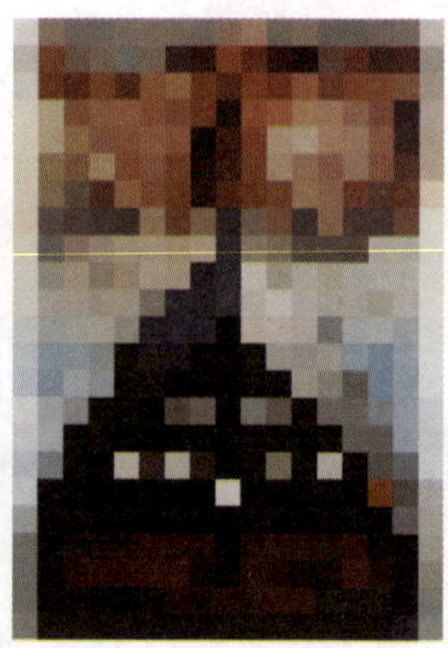

3 ______________________

COLORES

Algunos de nuestros personajes favoritos han quedado reducidos a su paleta de colores. ¿Serías capaz de reconocerlos?

1 ____________

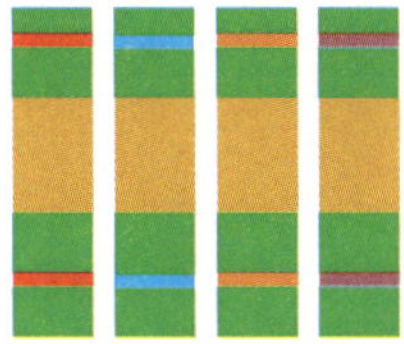

2 ____________

3 ____________

4 ____________

5 ____________

6 ____________

LA CANCIÓN OCULTA

¿Eres capaz de adivinar cuál es este temazo milenial?

Por ___ ___   ___ ___ ___ ___ de ___ ___   ___ ___ ___ ___ ___

yo ___ ___ ___ ___ un ___ ___ ___ ___ ___ ___

con un ___ ___ ___ ___   ___ ___ ___ ___ ___.

LA SILUETA

A este chico lo conocimos antes de convertirse en una estrella. Si lo ves dando vueltas sobre sí mismo y estás cerca, ¡retírate! Esas vueltecitas siempre suelen acabar con una patada al aire y tu cara corre peligro. ¿Oyes el boom, boom, boom de su corazón?

Soluciones en la página 158.

TIERRA...

¡YO NO HE SIDO!

Tras mucho tiempo intentándolo, por fin conseguí quedar con la chica que me gustaba. Decidimos ir a cenar a una bocatería de nuestro barrio. Yo iba con mi abrigo largo nuevo y estaba tan nervioso que fui todo el camino tirándome pedetes. Encima ese día había comido alubias. Cuando llegamos a la bocatería, estábamos solos. Me quité la chaqueta y de repente empezó a salir de ahí un olor reconcentrado que apestaba a caca. Como no había nadie más, la chica se dio cuenta rápidamente de que ese olor era mío y se dio la vuelta dando arcadas y tapándose la boca. Yo quería desaparecer del mapa.

Carlos, 15, Pontevedra.

¡MENUDA MEADA!

La otra noche estaba con mi churri en el parque y me entraron unas ganas impresionantes de hacer pis. Como había poca gente, mi novio me dijo que lo hiciese detrás de un matorral, que él me tapaba. Tenía tantas ganas que aquello parecían las cataratas del Niágara. Cuando me quise dar cuenta, vi que el chorro de pis había llegado a las zapatillas de mi novio. ¡Menudo palo!

Vanessa, 14, Madrid.

EL CORREO

Un viernes, en clase de Informática, el profe nos pidió entregar un ejercicio. Si no lo terminabas, como fue mi caso, podías enviárselo por correo electrónico durante el finde, así que yo lo acabé el sábado y se lo envié. El lunes a primera hora el profe me llamó a su mesa y señaló la pantalla. Resulta que en lugar de la tarea había adjuntado una foto de David Beckham desnudo que mi amiga me había pasado por el Messenger. Casi me muero de la vergüenza.

Teresa, 16, Paterna.

UPA: UNA PILLADA ADELANTE

La semana pasada mis amigas y yo estábamos hasta arriba de exámenes, así que quedamos en grabar el capítulo de *Un paso adelante* y verlo el viernes por la tarde en mi casa. Cuando el capítulo acabó, nos pusimos a comentarlo, pero la cinta siguió reproduciéndose de fondo. De repente, empezamos a escuchar gemidos y al mirar a la tele había una escena porno de un canal de estos tipo Localia. No nos dio tiempo a reaccionar, cuando mis padres entraron por la puerta. Volvían de comprar y se encontraron con ese panorama. Mis amigas se pusieron rojas como un tomate y yo no sabía qué hacer. Me castigaron sin salir todo el finde. Después me enteré de que fue mi hermano el que había grabado eso. Ahora mis padres piensan que soy una depravada.

CRIS, 15, VIZCAYA.

MEJOR FUERA QUE DENTRO

El otro día fui al McDonald's con el chico que me gustaba. Era nuestra primera cita, así que no podía dejar de mirarle; ni siquiera para beberme mi Coca-Cola. Por eso me metí la pajita de golpe por la nariz. Y lo peor es que, cuando me la saqué, había un pedazo de moco gigante pegado en ella. Aún tengo grabada su cara de asco.

LIBRA, 13, TOLEDO.

QUÉ VEN MIS OJOS

Suelo ir por las tardes a casa de mi amiga para hacer la tarea juntas y reírnos un rato. Un día, su hermano (que está cañón) no estaba en casa y mi amiga me dijo que entráramos a cotillear a su habitación. Estábamos tan tranquilas cuando, de repente, se abrió la puerta y entró el hermano ¡en pelota picada! Resulta que no se había ido, sino que estaba en el baño duchándose. Yo no sabía dónde meterme de la vergüenza y él tampoco.

ANA, 14, TARRAGONA.

TRÁGAME

CHATEANDO CON...

RAÚL

FECHA DE NACIMIENTO	09/02/75.
LUGAR DE NACIMIENTO	VITORIA.
ALTURA	1.84 M.
SIGNO	ACUARIO.
COLOR FAVORITO	VERDE.
COMIDA FAVORITA	TORTILLA DE PATATAS.
UNA PELÍCULA	*SPIRIT, EL CORCEL INDOMABLE.*

Mójate, ¿ «Sueño su boca» o «Prohibida»?
«Sueño su boca» siempre será especial para mí. Fue la canción que me abrió las puertas de la felicidad.

Como sex symbol, ¿qué es lo más fuerte que te han dicho o te han lanzado en un concierto?
Buff, una vez me lanzaron ropa interior muy sucia. Y cuando digo muy sucia, me refiero a MUY sucia.

¿Cuál ha sido tu mayor momento «Tierra , trágame» como artista?
Una vez actuando en televisión me di cuenta que tenía la bragueta bajada. ¡Me la tuve que subir en mitad de la actuación!

Cuéntanos algo que no sepamos:
Rechacé un contrato millonario para hacer una telenovela en México, por quedarme en España.

FRAN PEREA

FECHA DE NACIMIENTO	20/11/78.
LUGAR DE NACIMIENTO	MÁLAGA.
ALTURA	1,79 M.
SIGNO	ESCORPIO.
COLOR FAVORITO	AZUL.
COMIDA FAVORITA	PORRA (COMO EL SALMOREJO, PERO DE MÁLAGA).
UNA PELÍCULA	TENGO MUCHAS PELÍCULAS FAVORITAS, HOY TE DIRÍA *BIG*.

¿Cuál es tu momento favorito de *Los Serrano*?
Mis momentos favoritos eran esos desayunos maravillosos en los que coincidíamos casi toda la familia. Eran escenas complejas porque andábamos enredando todos (sobre todo, los más jóvenes...). Nos lo pasábamos muy bien haciendo aquello. Luego, por supuesto, el momento fotomatón, es de los más tiernos de la serie.

Uno de tus mejores recuerdos encima de un escenario es...
Cantarle el cumpleaños a mi madre en Sevilla, en un concierto multitudinario. Todo el mundo cantando allí, para ella, fue precioso.

Si solo pudieras ser una cosa, ¿serías actor o cantante?
Me encanta poder compaginar música e interpretación, así que no me gustaría tener que elegir. Es como aquello de ¿a quién quieres más, a mamá o a papá? Pues, eso. Ambas cosas, mejor.

¿A qué huele una escobilla?
Las escobillas estaban siempre limpias, pero esa pregunta te la contestaría mejor Víctor Elías.

¿A favor o en contra del final de *Los Serrano*?
Nos quedamos todos boquiabiertos cuando nos llegó el guion del último capítulo. Yo ya llevaba un tiempo fuera de la serie y me apetecía volver a ver a la familia, así que acudí a la llamada sin prejuicios. No era buen final, pero, desde luego sembró la polémica.

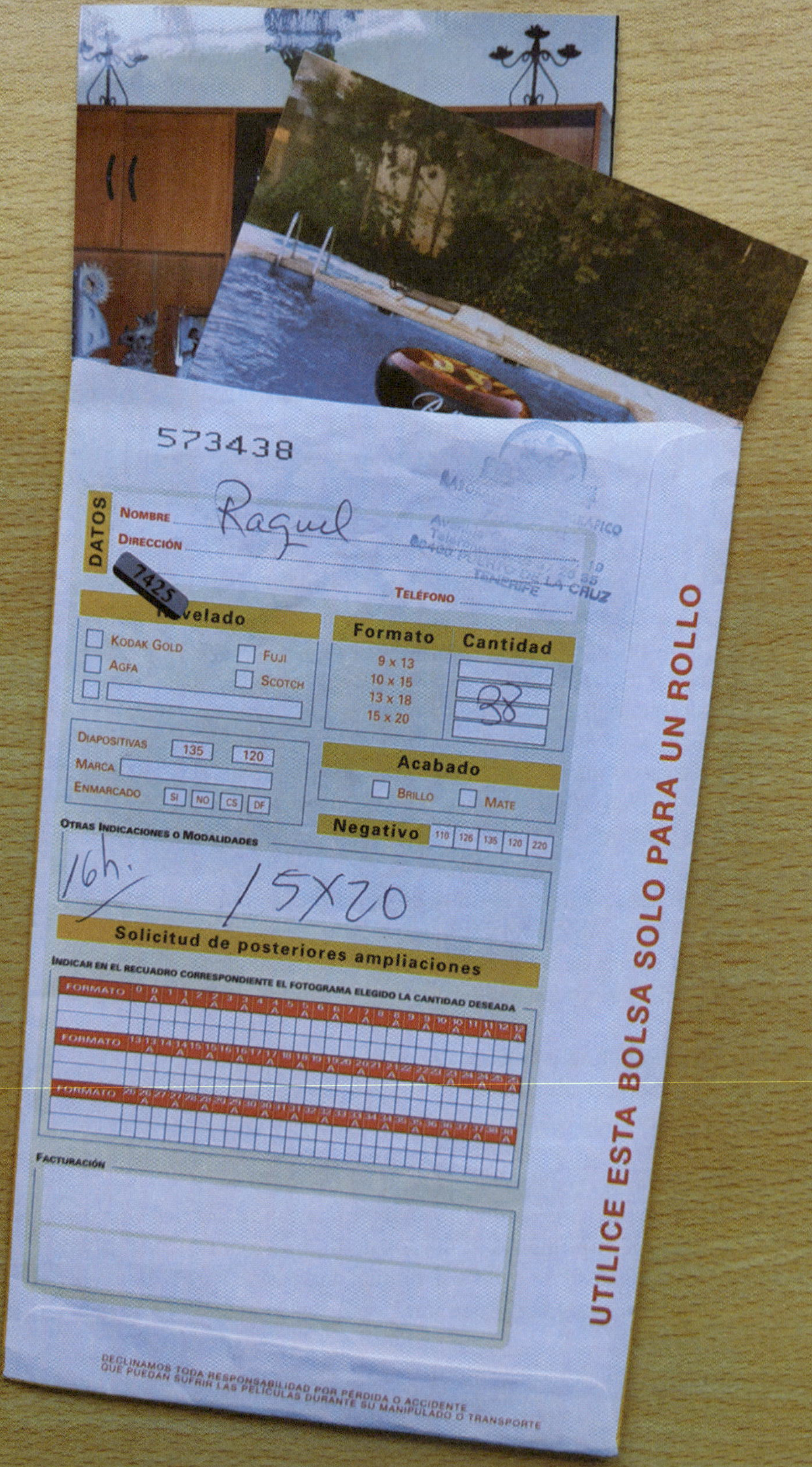
573438
DATOS
NOMBRE Raquel
DIRECCIÓN
TELÉFONO
7425
Revelado
KODAK GOLD
AGFA
FUJI
SCOTCH
Formato
Cantidad
9 x 13
10 x 15
13 x 18
15 x 20
38
DIAPOSITIVAS 135 120
MARCA
ENMARCADO SI NO CS DF
Acabado
BRILLO
MATE
Negativo 110 126 135 120 220
OTRAS INDICACIONES O MODALIDADES
16h.
15X20
Solicitud de posteriores ampliaciones
INDICAR EN EL RECUADRO CORRESPONDIENTE EL FOTOGRAMA ELEGIDO LA CANTIDAD DESEADA
FORMATO
FACTURACIÓN
DECLINAMOS TODA RESPONSABILIDAD POR PÉRDIDA O ACCIDENTE QUE PUEDAN SUFRIR LAS PELÍCULAS DURANTE SU MANIPULADO O TRANSPORTE
UTILICE ESTA BOLSA SOLO PARA UN ROLLO
PUERTO DE LA CRUZ
TENERIFE

ÁLBUM DE FOTOS MILENIAL

VUESTRAS FOTOS DE LOS 90

Go, go, Cousins Rangers!
Carlos y Borja (Madrid, 1997)

Cuando te regalan Casper y Power Rangers: La película en vídeo.
Marc (Xàtiva, 1996)

Viciada al Super Mario All Stars en la SNES.
Olga (Barcelona, 1997)

Este año he sido una niña muy buena.
Ana (Valladolid, 1995)

Jugándose la vida en los columpios de hierro macizo.
María José (Valencia, 1990)

Fan de todas las boybands.
Nena (Mijas Costa, 1997)

Las Spice del Mar Menor.
Sara, Ianire, Bea, Silvia y Ana (Cartagena, 1997)

Doble ración de helado.
Rubén (Peñíscola, 1997)

VUESTRAS FOTOS DE LOS 2000

Bisbalera se nace.
Olimpia (A Coruña, 2002)

¿Buscáis problemas? Pues escuchad mi lema.
Espiita Lollipop (Sevilla, 2008)

La niña más envidiada.
Verónica (Barcelona, 2001)

Amor de fotomatón.
Rosa e Isi 4ever (Murcia, 2008)

Por un beso de tu boca, Busta.
Anónima (Aranda de Duero, 2002)

Fotuki Messenger.
Niketa y X-tina (Torrelles de Foix, 2006)

AmmiGuiSS$ x SiieMpR€!! <3.
Sara, Marina, Sheila y Raysa (Barcelona, 2004)

¡Foto Tuenti de manos!
María (Aguilar de Campo, 2007)

DESPEDIDA

Has llegado al final de la «aventura de recordar». Espero que esta pequeña cápsula del tiempo te haya servido para despertar decenas de recuerdos que tenías escondidos en tu memoria.

Desde aquí quiero agradecerte el apoyo a este proyecto cuyo objetivo es doble: por un lado, evitar que la cultura con la que crecimos caiga en el olvido y, por otro, rendir un homenaje a esas cosas que vivimos, sentimos y disfrutamos en aquellos increíbles años.

Las despedidas no son mi especialidad, así que, como no se me ocurría nada original, he decidido cerrar este libro con el mejor cierre milenial posible:

FLYING FREEEEEE...

SOLUCIONES JINGLE TEST (PP. 135-137)

1. c, 2. a, 3. b, 4. d, 5. c, 6. b, 7. c, 8. b, 9. c, 10. d, 11. a, 12. b, 13. b, 14. b, 15. a, 16. d, 17. d, 18. c.

SOLUCIONES PASATIEMPOS (PP. 144-145)

CRUCIGRAMA: **Horizontal**: 2.Chenoa, 3.Rasca, 4.Niebla, 8.Aladina, 9.Rebeca, 10.Aburrida, 13.Morado, 14.Xena, 15.Besos. **Vertical**: 1.Todavía, 4.Nick, 5.Bollycao, 6.Raichu, 7.Lorna, 10.Azcona, 11.Paleto, 12.Tommy, 16.SJK.
PIXELA2: 1.El Rey León, 2. El Canto del Loco - Zapatillas, 3.Titanic.
COLORES: 1.Los Simpson, 2.Las Tortugas Ninja, 3. La sirenita, 4. South Park, 5.Los Power Rangers, 6.Shrek.
LA CANCIÓN OCULTA: «La raja de tu falda», Estopa.
LA SILUETA: David Bisbal.

AGRADECIMIENTOS

©Jordi Labanda y ©Miquelrius: p. 15.
©MILAN: pp. 15, 37.
©Carioca: pp. 16, 17, 37.
©MASATS COLORING, S.L.U: pp. 16, 18.
©JOVI S. A.: p. 18.
©RUBIO: p. 18.
©2022 STUDIO 100 MEDIA: p. 44.
©Procidis: p. 47.
©Disney: pp. 53, 54.
©Danone: pp. 86, 115.
©2022 KELLOGG Europe Trading Limited Todos los derechos reservados: p. 87.
©Pegotas, imágenes cedidas por cortesía de María Ramos: p. 88.
©Artiach: pp. 89.
©Phoskitos: pp. 87, 100.
©Editorial Susaeta Ediciones: pp. 96.
©Sugar's Magic S.L.: p. 100.
©FIESTA: p. 101.
©FRITO-LAY TRADING COMPANY/ G.m.b.H: pp. 102-103.
©Frigo: pp. 110-113.
©Nestlé: pp. 109, 112, 113, 114.
Tragabolas es una marca registrada de Hasbro y ha sido usada con permiso. ©Hasbro. Todos los derechos reservados. Licencia de Hasbro: p. 126.
© SCALE COMPETITION XTREME, S.L.: pp. 127, 139.
©VTech España: pp. 128, 141.
Operación es una marca registrada de Hasbro y ha sido usada con permiso: p.126. ©Hasbro. Todos los derechos reservados. Licencia de Hasbro: p. 129.
©JUFASA: p. 131.
Mis peinados preferidos es una marca registrada de Hasbro y ha sido usada con permiso. ©Hasbro. Todos los derechos reservados. Licencia de Hasbro: pp.131, 138.
©1991 JAKKS Pacific, Inc.: pp. 132, 141.
Cluedo es una marca registrada de Hasbro y ha sido usada con permiso. ©Hasbro. Todos los derechos reservados. Licencia de Hasbro: pp. 133, 140.
Cocodrilo sacamuelas es una marca registrada de Hasbro y ha sido usada con permiso. ©Hasbro. Todos los derechos reservados. Licencia de Hasbro: p. 138.
Línea directa es una marca registrada de Hasbro y ha sido usada con permiso. ©Hasbro. Todos los derechos reservados. Licencia de Hasbro: p. 138.
La herencia de tía Ágata es una marca registrada de Hasbro y ha sido usada con permiso. ©Hasbro. Todos los derechos reservados. Licencia de Hasbro: p. 138.
©BORRÁS: p. 139.
Action Man es una marca registrada de Hasbro y ha sido usada con permiso. ©Hasbro. Todos los derechos reservados. Licencia de Hasbro: p. 140.
¿Quién es quién? es una marca registrada de Hasbro y ha sido usada con permiso. ©Hasbro. Todos los derechos reservados. Licencia de Hasbro: p. 140.
Furby es una marca registrada de Hasbro y ha sido usada con permiso. ©Hasbro. Todos los derechos reservados. Licencia de Hasbro: p. 140.